Alexander Geist

Materialien und Kopiervorlagen
zur Klassenlektüre

Daniel Höra

# Braune Erde

Hase und Igel®

# Inhalt




www.hase-und-igel.de
Lektorat: Patrik Eis
Satz: Helga Lindemann
Illustrationen: Johann Brandstetter
Druck: Himmer AG, Augsburg

ISBN 978-3-86760-481-9

# „Braune Erde“ – Das Buch im Unterricht

## Das Buch

Im November 2011 flog die Neonazi-Terrorgruppe NSU auf und ihre Mordserie wurde nach und nach bekannt. Ganz unabhängig von diesen unfassbaren Gewalttaten und den jahrelangen Ermittlungspannen zeigt ein Blick in die Verfassungsschutzberichte, wie viele Personen und Organisationen der rechten Szene zuzurechnen sind. Das Bedrohungspotential von dieser Seite ist deutlich höher als z. B. von islamistischer Seite – auch wenn viele Medien ein anderes Bild vermitteln.

Dabei sind der Typus „Altnazi“ oder der brutale Schläger-Skinhead inzwischen nur noch eine Randerscheinung. Viel größer sind die Gefahren, die aus der neuen Strategie der Neonazis resultieren: sich in die Mitte der Gesellschaft einzuschleichen und mit aller psychologischen und politischen Raffinesse persönliche Beziehungen aufzubauen, die die Opfer blind werden lassen. Man knüpft an unerfüllte Bedürfnisse an, engagiert sich mit harmlosen Angeboten in einer Dorfgemeinschaft oder geriert sich als Verbündeter im Kampf um Tierschutz oder gesundes Essen. Erst wenn man die Menschen so für sich gewonnen hat, beginnt die offene ideologische Indoktrination.

Daniel Höra knüpft mit seinem Roman „Braune Erde“ an reale Geschehnisse aus der ostdeutschen Provinz an. Tatsächlich gab es Neonazigruppen, die sich in Dörfern Mecklenburg-Vorpommerns unauffällig einnisteten (vgl. Hinweis auf Seite 17). Im Roman heißt ein solcher Ort Bütenow. Der Ich-Erzähler, ein fünfzehnjähriger intelligenter Junge namens Benjamin, gerät in die Fänge einer braunen Siedlergruppe, die sich im Gutshaus niederlässt. Ben ist Außenseiter, leidet unter der Langeweile des abgelegenen Ortes, ist immer noch traumatisiert durch den Tod seiner Eltern (seither wohnt er bei einem Onkel und einer Tante) und vertreibt sich die Zeit mit Lesen und einsamen Wanderungen. Der Ort ist seit der Wende ausgeblutet, viele Bewohner sind arbeitslos und ohne Perspektive. Die Siedlergruppe wird zwar anfangs misstrauisch beäugt, aber sie gewinnt die Herzen, weil sie die tote Dorfgemeinschaft wiederbelebt.

Besonders intensiv sind Bens Beziehungen zu der Gruppe, die für ihn zur lang ersehnten Ersatzfamilie wird. Die hübsche Freya erwidert sein Interesse und die Zwillinge Konrad und Gunter darf Ben zu konspirativen Treffen und Schießübungen begleiten. So lässt er auch die ideologische Erziehung von Reinhold, dem Kopf der Gruppe, über sich ergehen, obwohl ihn Politik gar nicht interessiert.

Zwar erkennt Benjamin im Laufe der Zeit in verschiedenen Episoden immer mehr die Gewaltbereitschaft der Neonazis; so veranstalten Reinhold und seine Leute in Bens Beisein eine Scheinhinrichtung zweier unschuldiger polnischer Studenten, die sie als Diebe betrachten. Doch aufgrund der menschlichen Nähe bleibt er hin- und hergerissen, bis die Situation schließlich eskaliert: Erst enthüllen die Siedler bei einer „Wintersonnenwendfeier“ vor dem ganzen Dorf ihre braune Gesinnung; es kommt sogar zu einer Bücherverbrennung. Dann wird Georg, ein im Dorf lebender Künstler, der die Machenschaften der Rechten in Zeitungsartikeln aufdeckt und anprangert, von den Zwillingen ermordet. Benjamin muss als Augenzeuge fliehen, wird von den Neonazis gefasst, kann aber im letzten Moment entkommen und die Polizei alarmieren.

Daniel Höra schildert mit ungemein großem psychologischem Gespür, wie der Jugendliche in die Szene gleitet, sich aber auch mühsam wieder herausarbeitet. Der Autor zeigt den alltäglichen Rassismus von Durchschnittsmenschen ebenso wie die Raffiniertheit der Neonazis, Menschen zu manipulieren. Der Leser kann spüren, wie schwer es ist, dem zu entkommen. Mit der spannenden, kunstvoll aufgebauten äußeren Handlung wird eine umfassende Aufklärung über aktuelle neonazistische Methoden und Argumentationsmuster verknüpft.

Der Roman ist mehr als ein Jugendbuch und eignet sich besonders für Schüler ab der 9. oder 10. Jahrgangsstufe. Wenn Sie ihn bereits mit einer 8. Klasse lesen möchten, sollten Sie besonderes Augenmerk darauf legen, dass die Schüler nicht aufgrund ihrer geringen historischen Kenntnisse und ihrer begrenzten kognitiven Reife Opfer der luziden Argumentation der Neonazis werden. Die Kopiervorlagen und Unterrichtsvorschläge dieses Materials können Sie dabei wirkungsvoll unterstützen.

## Das Material

Dieser Materialienband bietet vier didaktische Zugänge:

- der politisch-aufklärerische und ethische Zugang: Wie denken Neonazis, wie argumentieren sie? Wie kann ich mich ihrer raffinierten und scheinbar so eingängigen Argumentation widersetzen, ohne mich einfach abzuwenden, sondern indem ich offensiv das Gespräch suche? Wie erkenne ich Rassismus? Was muss und kann der Einzelne, was kann die Gesellschaft gegen Rechtsextremismus tun? Welche Rolle spielt dabei die ethische Basis unseres Landes, der Menschenrechtskatalog des Grundgesetzes? (vgl. z. B. S. 27, 39, 44, 58, 63)
- der psychologische Zugang: Wie gerät Benjamin, wie ein ganzes Dorf in die Fänge der braunen Gruppe? Wo-

ran setzen die Neonazis an? Wie schafft es Benjamin – als Modellfigur –, sich wieder zu lösen? Wie kann ich mich stark gegen Neonazis machen – und damit auch gegen alle anderen Seelenfänger, seien es ideologisch motivierte oder Sekten? (vgl. z. B. S. 21 – 26, 55 – 57, 60)
- der textanalytische Zugang: Die Lektüre kann ohne Weiteres Grundlage für Klassenarbeiten sein, sei es für die Analyse von Textabschnitten, eine Charakteristik oder eine literarische Erörterung. Die Schüler werden durch vielseitige Arbeitsaufträge zur genauen Textarbeit angeleitet. Da dazu auch das richtige Zitieren gehört, demonstrieren drei Kopiervorlagen die Regeln und ihre Anwendung konkret am Beispiel des Romans (vgl. S. 45 – 47).
- der kreative Zugang: Eine Reihe von Aufträgen animiert die Schüler zum kreativen und literarischen Schreiben (vgl. z. B. S. 23, 56).

Diese vier Zugänge erlauben auch einen fächerübergreifend angelegten Unterricht, z. B. mit den Fächern Geschichte, Sozialkunde, Ethik oder Religion.

Das Material ist in vier Abschnitte gegliedert: Die ersten drei basieren jeweils auf einem Drittel der Lektüre, die Besprechung kann also abschnittsweise erfolgen. Der letzte Abschnitt, der auch einen Brief des Autors an Ihre Schüler enthält, ist einsetzbar, wenn das ganze Buch gelesen wurde. Die oben skizzierten didaktischen Zugangswege werden mit unterschiedlichen Schwerpunkten in allen Teilen berücksichtigt.

Jeder Materialabschnitt beginnt mit einem ausführlichen Lehrerteil. Dieser beinhaltet eine Inhaltsangabe der zugrunde gelegten Buchkapitel, einen Vorschlag für eine Stundensequenz, didaktisch-methodische Hinweise und Lösungen zu den Kopiervorlagen, Gesprächs- und Schreibanlässe, einen Abschnitt „Kreativ aktiv“ mit handlungsorientierten Vorschlägen sowie Rechercheaufträge. Auf jeden Lehrerteil folgen unmittelbar im Unterricht einsetzbare Kopiervorlagen.

Signets am oberen Seitenrand verdeutlichen den thematischen Schwerpunkt der einzelnen Kopiervorlage:

Zur Lektüre

Rechtsradikalismus

Stark gegen Gewalt

Grundwissen Textanalyse

Die einzelnen Arbeitsaufträge auf den Kopiervorlagen sind zur besseren Orientierung mit folgenden Symbolen versehen:

schreiben

diskutieren (Gruppenarbeit)

recherchieren

Ihnen und Ihren Schülern viel Erfolg und wertvolle Erkenntnisse bei der Arbeit mit Buch und Material wünscht

*Alexander Geist*

# 1. bis 3. Kapitel: Die Neuen

## Inhalt

Die Inhaltsangaben sind nach Kapiteln gegliedert. Innerhalb dieser wird nicht Abschnitt auf Abschnitt zusammengefasst, sondern nach Handlungssträngen vorgegangen, die der Autor kunstvoll miteinander verknüpft hat. Die im Buch zu Beginn jedes Kapitels stehenden, kursiv gesetzten Abschnitte, die auf die Entwicklung am Ende des Romans verweisen, werden auch hier kursiv gedruckt.

### 1. Kapitel: Wer einen guten Nachbar hat, braucht keinen Zaun (S. 7–27)

*Benjamin verkriecht sich in einem Versteck im Wald, denn er wird von „ihnen" verfolgt, weil er zu viel wisse – wen und was er damit meint, erschließt sich erst am Ende des Romans. In letzter Sekunde drehen sie ab. Aber das beruhigt den Jungen nur für einen Moment. Er fürchtet irgendwann erwischt zu werden, weil er auf keine Hilfe hoffen kann: Freunde und Familie wohnen in dem Dorf, das er jedoch wegen der Verfolger nicht betreten kann.*

Benjamin ist ein fünfzehnjähriger Junge, der in einem kleinen mecklenburgischen Dorf namens Bütenow lebt. Seine Eltern sind bei einem Unfall gestorben, woraufhin seine Tante Jeske und ihr Mann Rolf ihn aufgenommen haben. Mit den ersten Worten wird klar, wie Benjamin die Atmosphäre des Ortes erlebt: Er „liegt wie ein achtlos ausgespuckter Kirschkern im lehmigen Boden des Mecklenburgischen Landes. Ein Dorf, wie es sie Dutzende in der Gegend gibt. […] Ein bisschen sich selbst überlassen, wie ein ungeliebter, abgeschobener Verwandter." (S. 8) Die Menschen leben nebeneinander her, die Gemeinschaft ist zerbrochen, zahlreiche Häuser sind unbewohnt, viele Menschen arbeitslos und in sinnloser Weise umgeschult worden. Benjamin empfindet sein Leben als entsetzlich langweilig, von seiner Pflegefamilie fühlt er sich ungeliebt.

Die Handlung beginnt in den Sommerferien mit dem Eintreffen einer Gruppe von Neuankömmlingen, die das desolate Gutshaus erworben haben und auf dem Land wohnen wollen: Reinhold, seine Frau Uta und ihre fünfzehnjährige Tochter Freya sowie Hartmut und seine siebzehnjährigen Söhne, die zweieiigen, einander aber sehr ähnlichen Zwillinge Konrad und Gunter. Tante Jeske reagiert skeptisch, freut sich allerdings, als die Fremden bei ihr Kartoffeln und Äpfel kaufen. Die Ortsbewohner fürchten zwar, es handle sich um Leute, die alte Besitzansprüche geltend machen wollen, doch diese Vermutung bewahrheitet sich nicht.

Benjamin wird von den Neuankömmlingen schnell freundlich aufgenommen. Zunächst soll er ihnen als jemand, der die Gegend und ihre Menschen kennt, helfen, dann beziehen sie ihn mehr und mehr in ihr Leben ein. Er hilft ihnen bei der Renovierung des Gutshauses und integriert sich mit wachsender Begeisterung in das Leben der Gruppe. Freya signalisiert von vorneherein ihr besonderes Interesse an Benjamin, Reinhold lobt ihn, weil er so hart schuftet, nur mit den abweisend wirkenden Zwillingen ist das Verhältnis zunächst schwierig, obwohl Benjamin sich ihnen gegenüber bemüht und von ihnen fasziniert ist.

In den Gesprächen wird immer wieder die neonazistische Ideologie der Neuen angedeutet, ohne dass Benjamin dies aber durchschaut. Zu der beginnenden „Gehirnwäsche" gehört auch, dass Reinhold ihm ein Buch gibt („Jörn Uhl" des NS-Autors Gustav Frenssen), dessen Titelheld wie Benjamin ein von seiner Familie verachteter Junge ist, der aber allen Widerständen zum Trotz seinen Weg geht und an jeder Schwierigkeit innerlich wächst.

### 2. Kapitel: Wenn die Sonne auf einen Misthaufen scheint, so antwortet er mit Gestank (S. 28–41)

*Benjamin, dem alles unwirklich vorkommt, flüchtet querfeldein, denn er muss die Straßen meiden, wo die anderen ihn entdecken könnten. Wegen der großen Kälte darf er zudem nicht stehen bleiben.*

Inzwischen verbringt Benjamin seine Zeit regelmäßig auf dem Gutshof und arbeitet engagiert mit. Bei einem Spaziergang mit Freya durch das Dorf betont sie den Gemeinschaftsgedanken und besucht sogleich die alte Frau Narjes, um die sich sonst nur einmal täglich eine Sozialpflegerin kümmert. Im Zuge der Episode wird deutlich, dass in Bütenow jede Gemeinschaft verloren gegangen ist. Georg, ein am Dorfrand lebender Künstler, mit dem Benjamin schon länger befreundet ist, äußert sich trotzdem skeptisch über die Neuankömmlinge: Wer in eine solche Gegend ziehe, „der hat was im Sinn" (S. 35).

Das Verhältnis Benjamins zu den Zwillingen beginnt sich zu ändern, als sie zu dritt einen in der Nähe liegenden ehemaligen russischen Militärflugplatz besuchen. Gunter und Konrad erweisen sich als junge Männer mit einer großen Begeisterung für Soldatentum und Kampf im Sinne des Nationalsozialismus, was Benjamin freilich vor lauter Freude, von ihnen endlich akzeptiert zu werden, genauso wenig durchschaut wie die fortgesetzten geistigen Manipulationsversuche Reinholds.

### 3. Kapitel: Wenn die Teufel aus der Erde kriechen, wird bald die Ernte siechen (S. 42–75)

*Geschützt durch den Nebel setzt Benjamin seine Flucht fort, wobei ihm zugutekommt, dass er die Gegend kennt. Angetrieben wird er nicht nur von seiner Angst, sondern auch von der Absicht, „[d]iese Schweine [...] mit ihrem Verbrechen nicht durchkommen" zu lassen. (S. 42)*

Die Gutshofbewohner gewinnen durch ihr Engagement für Einzelne und die Gemeinschaft zunehmend die Sympathie der Bütenower. Uta hilft zwei alten Dorfbewohnern mit ihrem naturheilkundlichen Wissen und später bringen die Neuankömmlinge die Menschen dazu, in einer gemeinsamen Aktion das Platzhaus, eine Art Ortszentrum, zu renovieren. Dies und ein anschließendes Fest beleben die Dorfbewohner ungemein, nur Georg zeigt bei einem kurzen Besuch erneut seine Abneigung. Sogar Tante Jeske, die zwischenzeitlich die Gutshofbewohner wegen ihres Bemühens, alles zu ändern, abgelehnt hat, besucht schließlich zusammen mit ihrer Tochter Veronika eine von Uta initiierte Volkstanzgruppe.

Parallel dazu freunden sich die Zwillinge und Benjamin stetig an. Als sie ihm ein Gewehr schenken (wie sich später herausstellt, auf Initiative Reinholds), fühlt er sich vollkommen akzeptiert. Regelmäßig treiben sie sich auf dem Militärflugplatz herum, sammeln alte Patronen und veranstalten Schießübungen. Einmal spielen sie eine Jagd auf einen Polen, den Benjamin mimen muss. Dabei verliert Konrad so die Beherrschung, dass er dem Jungen seinen Gewehrkolben in den Rücken stößt – die Szene deutet auf die spätere Jagd auf die polnischen Studenten voraus. Benjamin ist zwar kurz beleidigt, lenkt aber schnell wieder ein. Gegen Ende des Kapitels taucht ein junger, überaus militanter Mann namens Thure auf, der Benjamin sehr einschüchtert, doch weil dieser die neuen Freundschaften unbedingt erhalten will, nimmt er alles hin.

Zugleich macht sich Freya immer mehr an ihn heran und versucht ihn auch für den (neonazistischen) Liedermacher Oswald Morgenthau zu begeistern. Als sie Benjamin schließlich sogar einen Kuss aufzwingt, verlässt er fluchtartig den Raum, beschließt allerdings, beim nächsten Mal anders zu handeln.

Ansonsten setzt Reinhold seine Bemühungen fort, Benjamin geistig zu beeinflussen. Im Zentrum stehen die Umdeutung der NS-Geschichte (Hitler sei vom Volk frei gewählt und der Weltkrieg den Deutschen von den Alliierten aufgezwungen worden) sowie die Ablehnung der Demokratie, weil es in den angeblich anstehenden Umsturzzeiten einer starken Führung bedürfe.

Er und Uta verdeutlichen Benjamin zudem, wie sehr sie ihm vertrauen und ihn schätzen. Das beeindruckt den Jungen, der sich zum ersten Mal in seinem Leben ernst genommen und als Teil einer Familie fühlt, so tief, dass er sich gegen das Anliegen der beiden, gleichsam als Spitzel zu arbeiten, nicht zur Wehr setzt.

Sein bisheriges Außenseiterdasein wird auch deutlich, als die Schule wieder beginnt, denn mit seinen Klassenkameraden verbindet ihn offenbar wenig. In der Episode wird der Lehrer Brüggemann eingeführt, der sich über die Neuankömmlinge ebenfalls begeistert äußert, weil sie wie er ökologisch denken würden. Freya, Gunter und Konrad besuchen im Übrigen nicht diese öffentliche Schule, sondern eine Waldorfschule. Es wird angedeutet, dass Freya letztlich nicht freiwillig dorthin geht, der Grund erschließt sich aber nicht.

## Unterrichtsschwerpunkte

- Verbreitung, Gewaltpotential und Ideologie der Neonazis
- psychologische Manipulationstechniken der Neonazis: wie sie Benjamin im Besonderen und die Dorfbewohner im Allgemeinen für sich gewinnen
- die eigenen Stärken kennen: ein Mittel zur Immunisierung gegen neonazistische Manipulationsstrategien

## Zum Aufbau der Unterrichtseinheit

Die Stundenskizzen auf Seite 7 sind als Vorschläge zu betrachten, die Sie je nach Zeitbudget und eigener Schwerpunktsetzung variieren können. Nähere methodische Hinweise, Varianten und Lösungsvorschläge finden Sie in den Ausführungen zu den Kopiervorlagen sowie in den darauf folgenden Abschnitten „Gesprächs- und Schreibanlässe", „Kreativ aktiv" und „Recherche".

Diese Anfangseinheit ist recht umfangreich, weil die entsprechenden Buchkapitel inhaltlich wie thematisch überaus dicht sind und für das weitere Verständnis der Lektüre die Vermittlung von wichtigen Hintergrundinformationen sinnvoll erscheint. Manches kann aber je nach Bedarf auch später behandelt werden.

Weitere Stundenskizzen finden Sie auf den Seiten 30 und 50.

| Std. | Skizze | Verweis auf Kopiervorlagen (KVs) und Unterrichtsanregungen |
|---|---|---|
| 1 | • aktueller Einstieg (z. B. NSU-Morde/Zeitungsschlagzeile), Sammlung des Vorwissens der Schüler<br>• Untersuchung des Covers, des Inhaltsverzeichnisses und der ersten Textseite (Unterrichtsgespräch, Einzel- und Gruppenarbeit)<br>• Anleitung zu einem Lektüreportfolio bzw. Lesetagebuch<br>• Hausaufgabe: Lektüre bis S. 75 (bis Std. 3) | Gesprächs- und Schreibanlass S. 15 f.<br>Kreativ aktiv S. 17 |
| 2 | • Einstieg: Einschätzung der Schüler, welche Extremistengruppen am gefährlichsten sind; Konfrontation mit amtlicher Statistik zu Straftaten von Extremisten<br>• Erarbeitung des Ausmaßes der Gefahr Rechtsextremer auf Basis der KVs „Rechtsextremismus in Zahlen" und „Definition zentraler Begriffe" (Gruppenarbeit, Plenum) | KV-Hinweise S. 8<br>KVs S. 18 – 20, KV-Hinweise S. 8 f. |
| 3 | • Einstieg: Leseeindrücke<br>• Erstellen der Personenkonstellation zu Beginn, zugleich Sicherung des inhaltlichen Verständnisses (Gruppenarbeit, Vernissage, wachsende Plakatwand)<br>• Hausaufgabe: Sammlung von Textstellen über Bütenows Probleme | Gesprächs- und Schreibanlass S. 16 f. |
| 4 | • Einstieg: z. B. Statistik über Bevölkerungsschwund in der Ex-DDR<br>• KV „Bütenow und seine Probleme" (Gruppenarbeit; Alternative: Erstellen einer Reportage)<br>• KV „Wie schleichen sich die Neonazis ein?" (Gruppenarbeit)<br>• Hausaufgabe: KV „Benjamins Tagebuch" | KV S. 21, KV-Hinweise S. 9 f.<br>KV S. 22, KV-Hinweise S. 10 f.<br>KV S. 23, KV-Hinweise S. 11 |
| 4a | • Alternative zu Std. 4 (auf zwei Stunden angelegt)<br>• 1. Stunde: wie Std. 4, aber nur bis KV „Bütenow und seine Probleme"; Hausaufgabe: Suche nach Textstellen, die zeigen, wie die Neonazis vorgehen<br>• 2. Stunde: Einstieg = Wiederholung der Ergebnisse von 1. Stunde; dann weiter mit KV „Wie schleichen sich die Neonazis ein?" (wie Std. 4) | siehe Std. 4 |
| 5 | • Vergleich der Ergebnisse zur KV „Benjamins Tagebuch"<br>• Sicherung der Ergebnisse in einer analytischen Zusammenfassung (KV „Benjamin – ein ganz normaler Junge?"; arbeitsteilige Gruppenarbeit)<br>• Hausaufgabe: arbeitsteilige Suche nach Stellen zu der Frage, wie die Neonazis Benjamin für sich gewinnen | KV-Hinweise S. 11<br>KV S. 24, KV-Hinweise S. 12<br>KV-Hinweise S. 12 |
| 6 | • Einstieg: Rollenspiel „Interview mit Benjamin"<br>• KV „Wie gewinnen die Neonazis Benjamin für sich?" (arbeitsteilige Gruppenarbeit)<br>• Diskussion über die Alternativen: Was hätte Benjamin tun können bzw. wer hätte Benjamin wie helfen müssen, um sich/um ihn vor den Neonazis zu schützen?<br>• Hausaufgabe: KV „Sich stark machen" | KV-Hinweise S. 12<br>KV S. 25, KV-Hinweise S. 12 f.<br>KV-Hinweise S. 13<br>KV S. 26, KV-Hinweise S. 13 |
| 7 | • Austausch über die Erfahrungen beim Ausfüllen der KV<br>• evtl. Anregung zum Führen eines Positiv-Tagebuchs<br>• KV „Das Weltbild der Neonazis" (Unterrichtsgespräch, Gruppenarbeit)<br>• Hausaufgabe: Lektüre bis S. 172 (bis Std. 9) | KV-Hinweise S. 13<br>Kreativ aktiv S. 17<br>KV S. 27, KV-Hinweise S. 13 – 15 |

## Zu den Kopiervorlagen

KV Seite 18–20

**Rechtsextremismus in Zahlen**
**Definition zentraler Begriffe**

Während in der Umgangssprache Rechtsradikalismus und Rechtsextremismus synonym gebraucht werden, unterscheidet der Verfassungsschutz sinnvollerweise beides: „Als extremistisch werden die Bestrebungen bezeichnet, die gegen den Kernbestand unserer Verfassung – die freiheitliche demokratische Grundordnung – gerichtet sind. Über den Begriff des Extremismus besteht oft Unklarheit. Zu Unrecht wird er häufig mit Radikalismus gleichgesetzt. So sind z. B. Kapitalismuskritiker, die grundsätzliche Zweifel an der Struktur unserer Wirtschafts- und Gesellschaftsordnung äußern und sie von Grund auf ändern wollen, noch keine Extremisten. Radikale politische Auffassungen haben in unserer pluralistischen Gesellschaftsordnung ihren legitimen Platz" (zit. nach Gabriele Nandlinger: Wann spricht man von Rechtsextremismus, Rechtsradikalismus oder Neonazismus …? Dossier der Bundeszentrale für politische Bildung 2008, *www.bpb.de/politik/extremismus/rechtsextremismus/41312/was-ist-rechtsextrem?p=all*). Dieses Unterrichtsmaterial folgt der amtlichen Begriffsunterscheidung.

Als Stundeneinstieg bietet es sich an, die Schüler spontan entscheiden zu lassen, welche Extremismusgefahr am größten ist: die linksextremistische, die rechtsextremistische oder die islamistische. Angesichts der Fokussierung vieler Medien auf das islamistische Bedrohungspotential steht zu erwarten, dass Schüler dieses über- und das rechtsextremistische unterschätzen.

Das Urteil der Schüler kann mit der folgenden Statistik konfrontiert werden, die die Motivation zur Auseinandersetzung mit der Gefahr von rechts zweifellos erhöhen dürfte. Die Kategorie „ausländische Extremisten" umfasst dabei im Übrigen nicht nur Islamisten bzw. islamistische Terroristen, sondern auch andere Gruppen, z. B. die PKK (Quelle der Statistik: Bundesministerium des Innern (Hrsg.): Bundesamt für den Verfassungsschutz (Redaktion): Verfassungsschutzbericht 2011, 2. Aufl. 2013, S. 36).

| Straftaten | 2010 | 2011 |
|---|---|---|
| insg. von Extremisten | 20 811 | 21 610 |
| Rechtsextreme | 15 905 | 16 142 |
| Linksextreme | 3 747 | 4 502 |
| ausländische Extremisten | 790 | 730 |
| nicht zugeordnet | 369 | 236 |

Nicht verschwiegen sei, dass bei der Analyse des extremistischen Personenpotentials andere Gewichtungen existieren (siehe unten, ebenfalls auf Basis des Verfassungsschutzberichts 2011, S. 57, 144, 225, 319). Doch besteht offenbar zwischen extremistischer Orientierung bzw. Gewaltbereitschaft und dem tatsächlichen Ausüben von Straftaten ein signifikanter Unterschied.

| Extremismuspotential | 2010 | 2011 |
|---|---|---|
| Rechtsextremismus | 26 000 | 23 400 |
| – davon gewaltbereit | 9 500 | 9 800 |
| Linksextremismus | 32 200 | 31 800 |
| – davon gewaltbereit | 6 800 | 7 100 |
| Islamismus[1] | 37 470 | 38 080 |
| andere extremistische Ausländerorganisationen[1] | 24 910 | 26 410 |
| – davon linksextremistisch[2] | 17 070 | 18 570 |
| – davon nationalistisch | 7 840 | 7 840 |

[1] keine Angaben zum Anteil gewaltbereiter Islamisten
[2] davon zwei Drittel Anhänger kurdischer Organisationen

Um die Statistiken des Blattes „Rechtsextremismus in Zahlen (1)" besser verstehen zu können, ist es sinnvoll, den Schülern die „Definition zentraler Begriffe" zur Verfügung zu stellen, z. B. auf OHP-Folie. Die Aufgaben auf den beiden Blättern können in Partnerarbeit gelöst werden.

Als weiterführende Aufgabe zum Blatt „Rechtsextremismus in Zahlen (2)" können sich die Schüler auf der Internetseite des Landesamtes für Verfassungsschutz ihres eigenen Bundeslandes über rechtsextremistische Gewalttaten speziell dort informieren.

**Lösung Seite 18**

- Die Anzahl subkulturell geprägter Rechtsextremisten sinkt, die der Neonazis dagegen steigt. Die Szene verlagert sich also: weg von Menschen mit nur einzelnen rechtsextremistischen Überzeugungen hin zu solchen mit geschlossenen rechtsextremen Ideologien.
- Die Zahl der Mitglieder in rechtsradikalen Parteien sinkt – allerdings ist das auf den Zusammenbruch der DVU zurückzuführen, während der NPD-Mitgliederschwund gering ist. (Näheres zum Zusammenbruch der DVU siehe im Verfassungsschutzbericht 2011, S. 55 und 101 f.) Da die Zahlen auf Schätzungen beruhen und man kaum davon ausgehen kann, dass bisherige DVU-Mitglieder plötzlich zu Demokraten werden, ist anzunehmen, dass die Dunkelziffer unorganisiert lebender Menschen mit rechtsextremer Gesinnung höher ist.

- Aufs Ganze betrachtet sinkt zwar die Zahl der Rechtsextremen, die Zahl derjenigen mit Gewaltbereitschaft jedoch steigt leicht.
- Das spiegelt sich auch darin wider, dass die Zahl der rechtsextremen Gewalttaten de facto auf gleichem Niveau verharrt.
- Hauptopfer sind dabei nicht, wie man vielleicht vermuten könnte, jüdische Mitmenschen (nur ca. 3 % der Gewalttaten betreffen sie), sondern vor allem Ausländer (knapp die Hälfte) mit deutlich steigender Tendenz von 2010 auf 2011. (Vermeintliche) Linksextreme sind ebenso beachtlich oft Opfer rechter Gewalt, aber diese Zahl geht erheblich zurück.
- Fazit: Die Zahl von Rechtsextremisten ist zwar leicht rückläufig, jedoch zeigt sich ein Trend zu stärkerer neonazistischer Orientierung, stärkerer Gewaltbereitschaft, einer stabilen Zahl von rechten Gewalttaten, wobei immer mehr Ausländer Opfer werden, und die Zahl der Straftaten insgesamt bleibt konstant. Kurz: Die Szene wird offenbar extremer.

**Lösung Seite 19**

*Aufgabe 1:*

- Rechtsextremistische Gewalttaten bestehen vor allem aus Körperverletzungen (allgemein stabil, bezogen auf Ausländer als Opfer jedoch stark steigende Tendenz). Alle anderen Formen erreichen relativ geringe Fallzahlen. Vor allem fällt auf, dass vollendete Tötungsdelikte nicht vorkamen und versuchte Tötungsdelikte sehr selten sind. Allerdings muss man aus den NSU-Morden die Lehre ziehen, dass manche Tötung ausländischer Mitbürger auf rechtsextreme Täter zurückgehen könnte, die polizeilichen Ermittlungen das aber nicht genügend in Erwägung ziehen. Die Widerstandsdelikte und Fälle von Landfriedensbruch – typische Delikte im Zusammenhang mit Demonstrationen – sind vielleicht auch deshalb so gering, weil (a) die Polizei inzwischen Demonstrationen von Rechten systematisch abschirmt (auch gegenüber Gegendemonstranten), wenn sie denn überhaupt erlaubt werden, und (b) auf methodische Aspekte (vgl. Fußnote auf der KV): Wenn z. B. ein Rechtsextremer wegen Verstoßes gegen Demonstrationsauflagen verhaftet werden soll und sich dabei so wehrt, dass ein Polizist verletzt wird, geht dies als Körperverletzung in die Statistik ein.
- Bei den sonstigen Straftaten dominieren solche, die mit der Verbreitung nationalsozialistischer Ideologie zu tun haben: Propagandadelikte (mit rückläufiger Tendenz) und Volksverhetzung (steigende Tendenz). Davon abgesehen sind noch Sachbeschädigungen (stabil) nennenswert.

  Unter Propagandadelikten versteht man z. B. die Verwendung und Verbreitung von Symbolen des Dritten Reiches oder von verbotenen, weil verfassungswidrigen Organisationen.

Ergänzend können Sie die Schüler auf folgendes Merkmal rechtsextremer Gewalttaten hinweisen: „Jenseits herausragender rechtsterroristischer Einzeltaten [beispielsweise der NSU-Morde; Anmerkung von A.G.] wird rechtsextremistische Gewalt weiterhin überwiegend spontan verübt. Häufig erfolgen solche Taten aus einer Situation heraus, in der Rechtsextremisten – einzeln oder in kleinen Gruppen – auf Personen treffen, die dem typischen rechtsextremistischen Feindbild entsprechen. Im Verlauf rechtsextremistischer Demonstrationen bilden Gewalttaten meist die Ausnahme. Das Aggressionspotenzial entlädt sich vielmehr in Straftaten, die während der An- und Abreise begangen werden“ (Verfassungsschutzbericht 2011, S. 65). Das allerdings erschwert die polizeiliche Prävention rechtsextremer Gewalttaten umso mehr.

KV Seite 21

**Bütenow und seine Probleme**

Mit dem fiktiven Bütenow kreiert der Autor das Modell eines Ortes in Ostdeutschland, der seit der Wende ausblutet. Mithilfe der Kopiervorlage soll in einem analytischen Zugang die Situation Bütenows erarbeitet werden. Dieser Schritt ist wichtig, um zu verstehen, wie die Neonazis die Sympathie der Dorfbewohner gewinnen und sich einschleichen können (vgl. KV „Wie schleichen sich die Neonazis ein?“, S. 22).

Methodisch empfiehlt sich der Weg über eine Gruppenarbeit (evtl. arbeitsteilig nach Teilthemen), bevor im Plenum die Ergebnisse zusammengetragen und in endgültiger Form auf dem Arbeitsblatt notiert werden. Ließe man die Schüler gleich ihre Resultate auf dem Blatt eintragen, bestünde vor allem in textanalytisch unerfahrenen oder leistungsschwachen Klassen die Gefahr, dass falsche bzw. unvollständige Angaben notiert werden. Die Aufforderung, zu jeder Aussage die Seite zu notieren, soll die Schüler dazu bringen, textanalytisch präzise zu arbeiten, und bereitet sie auf das Thema Zitiertechnik vor (vgl. KVs „Richtig zitieren“, S. 45/46).

**Methodische Alternativen**

Wenn die Lektüre nicht mit dem Ziel einer Klassenarbeit gelesen wird, ist auch ein kreativer Zugang denkbar: Sie präsentieren den Schülern die Grundmerkmale einer Reportage, lesen ggf. zur Illustration gemeinsam eine Reportage zu einem aktuellen Thema und lassen die Schüler dann in Kleingruppen auf der Grundlage folgender Vorgabe eine Reportage verfassen:

Nach Bekanntwerden der neonazistischen Umtriebe in Bütenow kommen viele Journalisten in den Ort. Stellt euch vor, dass ein Journalist Bütenow schon zuvor entdeckt hat und nun eine Reportage über den Ort und seine Probleme schreiben möchte.

- Sucht im Text Stellen, die ihr als Aussagen von Bütenowern einbauen könnt.
- Überlegt, wen ihr interviewen würdet und was euch die Interviewpartner erzählen würden.
- Einigt euch darauf, welche Stimmungen, Gedanken und Meinungen ihr beim Leser der Reportage erzeugen wollt.
- Schreibt die Reportage und sucht im Internet nach Bildern ähnlicher Orte, die als Illustration dienen können.

Denkbar ist es auch, einige Gruppen eine Pressereportage schreiben zu lassen, während andere eine Fernsehreportage entwickeln und drehen.

**Lösung**
Die Lösung finden Sie auf dieser Seite unten. Sie können sie auch zur Ergebniskontrolle auf Folie kopieren oder zur Zeitersparnis an die Schüler verteilen.

**Wie schleichen sich die Neonazis ein?**
Das Blatt dient wahlweise als Vorlage für eine Folie oder ein Tafelbild. Zur Zeitersparnis kann es auch kopiert an die Schüler verteilt werden. Es knüpft an die Ergebnisse der vorherigen KV „Bütenow und seine Probleme“ an.

Im Zentrum des ersten Buchteils steht die Darstellung der Strategien, mit denen die Neonazis andere Menschen

| | Wirtschaftliche Situation und Bevölkerungszahl | Infrastruktur und soziale Situation | Stimmung und Werte |
|---|---|---|---|
| relevante Textstellen | S. 8f., 11, 14, 29 | S. 13f., 21, 29–32, 43 | S. 8, 13–15, 33, 60, 75 |
| früher | DDR-Zeit:<br>Arbeit in der Landwirtschaft (8)<br><br>Nach der Wende:<br>Schließung der Betriebe und damit breite Arbeitslosigkeit (8) | DDR-Zeit:<br>HO-Gaststätte und Laden (21)<br><br>Nach der Wende:<br>noch Laden und Postamt (14), Arzt im Nachbardorf (32), Dorffeste im Sommer (13), Freiwillige Feuerwehr (13), Chorverein (31), Platzhaus als Gemeindezentrum (31), Gemeinschaft (43) | keine Informationen |
| ↓ | ↓ | ↓ | ↓ |
| heute | unsinnige Umschulungen, daher trotzdem hohe Arbeitslosigkeit (8, 29), für Touristen uninteressant (9), einzelne Großstadtflüchtlinge, die bald wieder wegziehen (11), nur noch 63 Einwohner, nur 18 Häuser bewohnt, 21 unbewohnt: zahlreiche Wegzüge aufgrund von Perspektivlosigkeit (14) | kein Laden, kein Wirtshaus, keine Kirche, keine Vergnügungsangebote (13), auch Arzt nur in weit entfernter Kreisstadt (32), keine Abwechslung, keine gemeinsamen Aktivitäten des Dorfes, nur Langeweile (13f.), kein Gemeinschaftssinn (29f., 32) | resignatives Warten auf Verbesserung (8), Misstrauen und Angst gegenüber Fremden (13), Erwartung von Anpassung, Ablehnung von Veränderung (15, 60), Angst vor eigennützigem Denken anderer (14, 60), zugleich eigenes egoistisches Denken (60), Ablehnung von Ausländern (75), Misstrauen gegenüber Medien (33) |
| ↓ | ↓ | ↓ | ↓ |
| Fazit | keine Arbeit | keine Gemeinschaft, kein soziales Leben | Misstrauen, Angst, Abwehr, Egoismus |

auf ihre Seite ziehen möchten. Die Einschleichstrategien werden auf zwei Ebenen deutlich: einer kollektiven, wenn es um das Dorf geht, und einer individuellen in Bezug auf Benjamin. Die Wiederholung eines Motivs verweist poetologisch auf dessen Wichtigkeit aus Sicht des Autors.

Die Strategien besitzen dabei einen gemeinsamen Kern und ähneln den Strategien von Sekten:

- sich an besonders problembeladene Menschen heranmachen, die keinen Ausweg sehen, also ihre Not ausnutzen,
- ihre Nähe suchen und ihre Sympathie durch besondere Zuwendung gewinnen, also an den sozialen Grundbedürfnissen ansetzen (Mensch als Gemeinschaftswesen, das gerade in Problemsituationen durch Gemeinschaftserlebnisse Linderung erfährt),
- durch gemeinschaftliche Aktivitäten die Nähe intensivieren und eine Beziehungsfalle aufbauen (wie tief Benjamin in dieser Falle versinkt, wird im 4. Kapitel deutlich); Menschen, die in einer positiv getönten persönlichen Beziehung zum Manipulator stehen, werden vor allem dann, wenn sie bisher unter einem Mangel an Beziehungen litten, Ansichten und Verhaltensweisen akzeptieren bzw. übernehmen, die ihnen sonst fremd wären; die Täter setzen also an der Urangst von Menschen, dem Beziehungsverlust bzw. der Angst vor dem Alleinsein, an und nutzen diese Angst aus,
- die eigentlichen Interessen (hier: Vermittlung der Ideologie) zunächst allenfalls am Rande einfließen lassen (in Bezug auf die Dorfbewohner) bzw. die ideologische Indoktrination in fein dosierter, aber wohlgeplanter Form vornehmen (in Bezug auf Benjamin; bei ihm können die Neonazis schneller voranschreiten, weil er aufgrund seines Alters leichter manipulierbar und eine Einzelperson ist, während man es bei den Dorfbewohnern mit Erwachsenen und einer Gruppe zu tun hat, die – verstärkt durch ihr Grundmisstrauen gegen alles Fremde – eher verschreckt werden kann).
- Erst wenn die Menschen in der Beziehungsfalle gelandet sind, werden sie offen manipuliert – aber das ist Gegenstand der folgenden Teile des Buches.

### Methodische Alternativen

Bei der Betrachtung der Einschleichstrategien gegenüber den Bütenowern bieten sich je nach Zeit und Leistungsstärke Ihrer Klasse zwei methodische Wege an: Entweder Sie behandeln das Thema nach der Besprechung der KV „Bütenow und seine Probleme" im Plenum oder Sie widmen dem Thema eine eigene Stunde, die folgendermaßen vorbereitet und aufgebaut werden kann:

- Am Ende der Stunde zur KV „Bütenow und seine Probleme" sollen die Schüler als Hausaufgabe überlegen, wie die Neonazis den Bütenowern gegenüber vorgehen.
- Zu Beginn der nächsten Stunde werden die Resultate der Auseinandersetzung mit Bütenows Problemen wiederholt; die Fazitzeile („keine Arbeit, keine Gemeinschaft …") bildet den Ausgangspunkt und steht deshalb auf der KV „Wie schleichen sich die Neonazis ein?" am Kopf der Spalten.
- In Gruppenarbeit ordnen die Schüler das, was sie im Rahmen der Hausaufgabe entdeckt haben, den Problemen Bütenows zu. Weisen Sie die Schüler auch darauf hin, dass sie überlegen sollen, was die Neonazis nicht tun. (Sie dürften nicht unbedingt selbst darauf kommen, dass die Neuankömmlinge gegenüber den Bütenowern bei der Verbreitung der neonazistischen Ideologie sehr zurückhaltend sind.) Sollte das Ziel der Lektürebesprechung in einer textanalytischen Prüfungsarbeit bestehen, lassen Sie die Seitenangaben notieren, ansonsten ist es nicht nötig.
- Im Plenum werden die Arbeitsergebnisse zusammengetragen, differenziert bzw. überprüft und festgehalten.

KV Seite 23

### Benjamins Tagebuch

Parallel zu Bütenow im Ganzen gerät Benjamin schrittweise in die Fänge der Neonazigruppe auf dem Gutshof – genau besehen sogar mehr, denn ein erst fünfzehnjähriger, sozial und familiär desintegrierter Junge ist ein leichtes Opfer. Erzählerisch gesehen sind Daniels und Bütenows Schicksal Parallelgeschichten. Deshalb bietet es sich an, dass die Schüler die eine Geschichte (Bütenow) unter Lenkung durch Sie erarbeiten und die andere (Benjamin) im Sinne eines Transfers stärker selbst analysieren.

Die Kopiervorlage stellt einen kreativ-emotionalen Einstieg in die Thematik dar, der aber insofern mit einer Textanalyse verbunden ist, als die Schüler für ein stimmiges Ergebnis die gelesenen Kapitel untersuchen müssen. Sie kann als Hausaufgabe gestellt werden und dient der Vorbereitung einer Stunde, in der von den kreativen Ergebnissen ausgehend eine systematische Ausgangscharakteristik Benjamins erstellt wird (vgl. KV „Benjamin – ein ganz normaler Junge?", S. 24).

Schüler, die sich schwer damit tun, sich in Benjamin hineinzuversetzen, können stattdessen besonders griffige Zitate zu den drei genannten Themen aus dem ersten Teil des Buches sammeln und notieren.

Die Beschäftigung mit Benjamins Persönlichkeit zu Beginn des Romans kann natürlich auch ohne die Kopiervorlage primär analytisch erfolgen. Eine genaue Analyse ist vor allem dann nötig, wenn das Ziel der Lektürebesprechung eine Klassenarbeit mit Aufgaben zur Charakteristik ist.

KV Seite 24

**Benjamin – ein ganz normaler Junge?**
Die Leitgesichtspunkte für die Analyse von Benjamins Persönlichkeit im ersten Teil des Buches können in Form einer arbeitsteiligen Gruppenarbeit untersucht werden. Die folgenden Seitenangaben helfen den Schülern, schneller wichtige Textstellen zu finden. Entscheiden Sie selbst, ob Sie ihnen die Hilfe geben möchten.

- Familiäre Situation (vgl. S. 12, 14, 16, 18, 22–24, 27 f., 61 f., 74)
- Soziale Situation (vgl. S. 14, 16, 22, 65 f.)
- Seelische Situation (vgl. S. 16, 19 f., 23, 25, 40, 47, 55, 66, 70 f.)
- Fähigkeiten und Interessen (vgl. S. 16, 22 f., 33, 54, 65 f.)

Lassen Sie die einzelnen Gruppen zunächst auf separaten Blättern arbeiten. Erst anschließend wird stichpunktartig auf das kopierte Blatt geschrieben.

**Lösung**
Die Lösung finden Sie auf dieser Seite unten. Sie können sie auch zur Ergebniskontrolle auf Folie kopieren oder zur Zeitersparnis an die Schüler verteilen.

**Wie gewinnen die Neonazis Benjamin für sich?**
Das Blatt dient wahlweise als Vorlage für eine Folie oder ein Tafelbild. Zur Zeitersparnis kann es nach der Erarbeitung des Themas auch in Kopie an die Schüler verteilt werden.

Hier wird vor allem die psychologische Seite untersucht. Die Klärung der Frage, wie die Gutshofbewohner Benjamins Weltbild zu manipulieren beginnen, ist eher zweitrangig und würde diese erste Einheit überdehnen. Folgendermaßen lässt sich die Thematik im Unterricht einbinden:

- Einstieg: Sie können die Hausaufgabe in kreativer Form aufnehmen, indem Sie die Situation vorgeben, dass ein Journalist Benjamin nach den im Buch beschriebenen Ereignissen befragt, wie er den Neonazis in die Falle getappt ist. Nach zwei Rollenspieldurchgängen sind sicher viele wichtige Aspekte genannt worden, die dann die Bearbeitung des Themas erleichtern.
- Erarbeitungsphase 1 mit der Leitfrage: „Wonach sehnt sich Benjamin?" Dieser Abschnitt beinhaltet eine Wiederholung der Ergebnisse der vorherigen Arbeitseinheit (vgl. KV „Benjamin – ein ganz normaler Junge?").
- Erarbeitungsphase 2 mit dem Auftrag: „Wie erfüllen die Gutshofbewohner seine unerfüllten Grundbedürfnisse und wieso sind sie dabei so erfolgreich? Belegt eure Ergebnisse durch Textstellen." Diese Aufgabe ist aus Zeitgründen am besten in arbeitsteiliger Gruppenarbeit zu erledigen. Weisen Sie die Schüler darauf hin, dass sie bei der Suche nach Gründen für den Erfolg der Nazis auch auf den Mangel an Alternativangeboten zur Stillung von Benjamins Bedürfnissen und auf die Bedeutung von Benjamins Lebensgeschichte achten sollen.

**Familiäre Situation**

- Unfalltod der Eltern, Aufnahme bei Tante Jeske und Onkel Rolf (12)
- Gefühl, nicht dazuzugehören (14, 61), kein Interesse an Benjamin und seinen Fähigkeiten/Neigungen (16, 27 f., 74), wird als „Spinner" (18) und „Freak" (62) herabgesetzt, hat das Bedürfnis, akzeptiert zu werden (18, 62)
- kein lebendiges Familienleben (24)
- Suche nach positiven Elternfiguren (22 f.)

**Soziale Situation**

- Langeweile (14)
- Einsamkeit und Außenseitertum in Dorf (16, 22) und Schule (65 f.)
- keine Einladung zu Partys (66)

**Fazit**

Einsamkeit, <u>Außenseiter- und Minderwertigkeitsgefühle</u> = typisch für dieses Alter, aber durch familiäre und örtliche Situation verschärft

**Seelische Situation**

- an Mädchen interessiert (16, 66), aber unerfahren und verklemmt (19, 25, 55, 70 f.)
- Minderwertigkeitsgefühle als Mann, daher starkes Bedürfnis nach Anerkennung durch Männer und Suche nach männlichen Vorbildern (20, 23, 40, 47)

**Fähigkeiten und Interessen**

- guter Schüler (16)
- genaue Kenntnis der Gegend, häufiges Herumstreifen (16)
- Buchliebhaber (22 f., 65 f.)
- kein Interesse an Politik (33)
- wenig Interesse an Musik, allenfalls an Rap (54)

- Erarbeitungsphase 3 und Abschluss im Plenum mit der Leitfrage: „Woran erkennt man, dass Benjamin bereits in einer Beziehungsfalle steckt?" An dieser Stelle sollten Sie den Schülern erklären, was man unter einer Beziehungsfalle versteht: den Umstand, dass man aus lauter Angst, neu gewonnene Beziehungen zu verlieren, eigene Gedanken und Einstellungen unterdrückt.
- Sollte noch Zeit sein, können die Schüler darüber diskutieren, was Benjamin hätte tun können bzw. wer ihm wie hätte helfen müssen, um zu verhindern, dass er in die Falle der Neonazis tappt.

**Lösung**

Die Lösung ist der Kopiervorlage zu entnehmen. Hier noch einige Anmerkungen dazu.

- „Und das hilft ihnen dabei": Erstens bieten sich Benjamin keine personellen Alternativen, denn Tante Jeske und Onkel Rolf reagieren verständnislos, Georg tritt zu verbissen und zu misstrauisch auf (vgl. S. 35 f., 64 f.) und kann als Erwachsener die peer-bezogenen Bedürfnisse Benjamins sowie als Alleinstehender die familienbezogenen nicht stillen. Zweitens spielen den Neonazis die räumlichen Bedingungen (abgelegener Ort ohne hinreichende Verkehrsverbindungen mit der Kreisstadt) in die Hände und der Umstand, dass zur Zeit ihrer Ankunft Sommerferien sind. Interessanterweise müssen Reinhold und Uta nach Schulbeginn zu erheblich stärkeren Manipulationsstrategien greifen (vgl. 4. Kapitel). Drittens ist Benjamin aufgrund seiner familiären Vorgeschichte und aktuellen Situation sowie seiner sozialen Desintegration besonders labil. Deshalb gerät er besonders tief in die Beziehungsfalle.
- „Benjamin in der Beziehungsfalle": Möglicherweise nennen Schüler auch als Beispiel, dass Benjamin das Buch von Reinhold anfangs langweilig findet, es aber trotzdem liest. Diese Episode ist jedoch weniger geeignet, weil Benjamin sich hier nicht verbiegt, sondern sich wirklich für das Buch interessiert (vgl. S. 27, 56), da er sich mit der Hauptfigur identifizieren kann.

### Sich stark machen

Ein zentrales Ergebnis der bisherigen Analysearbeit ist, dass Neonazis (wie übrigens auch Sekten) an den Schwächen von Menschen ansetzen, die keinen Ausweg sehen und daher für einfache Lösungen und für Vereinnahmungsstrategien empfänglich sind. Das bedeutet umgekehrt, dass eine wesentliche Immunisierungsstrategie darin besteht, sich selbst stark zu machen.

Der erste Schritt dazu ist eine Wahrnehmungserweiterung: weg von der in unserer westlichen, vom christlichen Demutsideal geprägten Kultur typischen Fixierung auf die eigenen Schwächen, hin zur bewussten Wahrnehmung der eigenen Stärken und Tugenden. Sicher gibt es Schüler, die vor Selbstbewusstsein zu strotzen scheinen, aber nicht selten ist das nur Show; die Mehrzahl pubertierender Jugendlicher ist eher von Unsicherheit geprägt.

Das Arbeitsblatt wird unter Umständen zunächst auf Widerstand stoßen. Ein üblicher Einwand ist der Rückgriff auf das Sprichwort „Eigenlob stinkt". Das tut es aber nur, wenn man die eigenen Stärken in angeberischer Absicht hervorhebt. Machen Sie den Schülern klar, dass es hier um Selbstreflexion gehen soll – und dass deshalb das Blatt auch bei jedem Schüler verbleibt und nicht von Ihnen oder von Mitschülern eingesehen wird. Ermutigen Sie außerdem die Schüler, die (in der Regel nonverbal) signalisieren, dass sie sich gar nicht vorstellen können, so viele positive Punkte an sich zu finden. Hilfreich im Sinne des Modelllernens ist es, wenn Sie vorher für sich selbst eine solche Liste angelegt haben und den Schülern berichten, wie sie mit Schwierigkeiten umgegangen sind. Entscheidend ist nicht, dass man sofort viele positive Punkte findet, sondern dass man seinen Blick verändert und beginnt, sich nicht nur als defizitär zu erleben. Falls die Suche ins Stocken gerät, kann man auch überlegen, was andere an einem schätzen. Evtl. können Sie den Prozess erleichtern, indem Sie zunächst jeden Schüler auffordern, seinem Nachbarn eine positive Eigenschaft mitzuteilen.

Sollten Schüler mit großen Selbstwertproblemen, die keinen oder fast keinen positiven Punkt an sich sehen, sich an Sie wenden und Ihnen ihr Herz ausschütten, sind Sie als einfühlsamer Pädagoge gefragt.

Bei der Rückschau in der folgenden Stunde ist es wichtig, dass Sie erneut auf die Vertraulichkeit des Blattes verweisen und jede diesbezügliche Blödelei und Spekulation strikt unterbinden.

### Das Weltbild der Neonazis

Schüler besitzen durchaus Vorstellungen über neonazistisches Gedankengut, meist ist das Wissen jedoch nur vage und unsystematisch. Zur Vorbereitung auf die Auseinandersetzung mit typisch neonazistischen Argumentationsfiguren in der nächsten Einheit lernen die Schüler hier die Grundzüge des Weltbilds der Neonazis kennen.

Die Kopiervorlage geht deduktiv vor, am Anfang steht eine Darstellung typischer Merkmale der Neonazi-Ideologie. Manche Begriffe (z.B. Sozialdarwinismus) sollten Sie gemeinsam besprechen, bevor die Schüler die Zitate zuordnen. Das gilt umso mehr, wenn Sie das Buch mit Achtklässlern lesen, die in Geschichte das Dritte Reich in der Regel noch nicht behandelt haben. Unter Umständen müssen Sie die Einheit dann sogar auf zwei Stunden ausweiten und grundlegende Informationen über dieses Kapitel deutscher Geschichte einspeisen.

Denkbar ist auch ein induktives Vorgehen. Dazu brauchen Sie nur die untere Hälfte des Blattes mit den Zitaten zu kopieren und anschließend von den Schülern die allgemeinen Merkmale des Weltbilds erarbeiten lassen. Oder Sie kombinieren induktive und deduktive Elemente, indem Sie zum Einstieg zwei typische Zitate an die Tafel schreiben und im Gespräch mit den Schülern die dort erkennbaren Merkmale erarbeiten. Dann teilen Sie das Arbeitsblatt aus, erläutern die Liste am Anfang, soweit noch nötig, und lassen die Schüler den Arbeitsauftrag bearbeiten.

**Lösung**

- Uta, S. 68 f. („Wir legen …"): primär 2, auch 4. Hinter der Gemeinschaftsidee steht bei Neonazis immer ein autoritäres Gesellschafts- und Staatsmodell. Individualität wird mit Egoismus gleichgesetzt und so desavouiert. In der Formulierung „so wie es früher war und dem deutschen Wesen entspricht" finden sich neben einer nicht nur für Neonazis typischen kulturpessimistischen Geschichtsverklärung nationalistische Züge: durch eine Gleichsetzung dessen, was als moralisch gut definiert wird, mit dem „Wesen" des deutschen Volkes. Die Neonazis proklamieren immer auch die Deutungsmacht darüber, was typisch deutsch sei. Selbst wenn man regional und kulturell gewachsene Denk- und Verhaltensmuster als soziologisch gegeben nimmt, ist das Gefährliche an dieser Denkfigur, dass sie „typisch deutsch" mit „gut" gleichsetzt, statt moralisch zu differenzieren und unabhängig von Nationalitäten zu urteilen.
- Reinhold, S. 50 („Vorsicht. Behaupte nichts …"): primär 3, auch 4. Die Geschichte zwischen 1933 und 1945 wird komplett anders dargestellt, als es der historischen Wirklichkeit entspricht: Die Schuld am Krieg liege bei anderen Nationen, Deutschland bzw. Hitler selbst sei friedliebend gewesen. Die nationalistischen Züge bestehen an dieser Stelle in Verschwörungstheorien. Animieren Sie die Schüler schon hier, Auffälligkeiten der Argumentationsstruktur herauszuarbeiten: Selbst wenn ein kommunistischer Holländer den Reichstag angesteckt hätte, wäre das kein Grund für die Aufhebung sämtlicher demokratischer Rechte und Strukturen in Deutschland gewesen. Und ein apodiktisches „das ist bewiesen" ersetzt keine Beweisführung – die bleibt Reinhold nicht nur hier schuldig.
- Konrad, S. 39 („Bist du für uns …"): 6, auch 2. Neonazistisches Denken erlaubt immer Gewalt im Kampf gegen den Andersdenkenden und differenziert – wie jede Ideologie – nicht, sondern kennt nur Schwarz oder Weiß, Freund oder Feind. Konrads Aussage spiegelt auch das Prinzip der bedingungslosen Unterordnung unter die als legitim anerkannte Autorität wider. Staat und Gesellschaft sollen wie das Militär funktionieren.
- Uta, S. 122 f. („Die Frau ist …"): 8
- Reinhold, S. 148 („Die Grenzen zwischen …"): 8, auch 5. Der letzte Satz des Zitats spiegelt ex negativo sozialdarwinistisches Denken wider, denn eine Kritik an der Normalität des sog. Schwachen und Kranken bedeutet nichts anderes, als dass dieses ausgemerzt gehört. Die Aufhebung einengender Geschlechterrollen (für aufgeklärte Menschen ein historischer Fortschritt und im Sinne des Grundgesetzes) ist aus Sicht der Neonazis ein Zeichen von Schwäche und Krankheit. So werden soziale Veränderungen pathologisiert. Zugleich liegt ein naturalistischer Fehlschluss vor: Aus der Tatsache, dass etwas für lange Zeit so war (hier: traditionelle Geschlechterrollen), wird geschlossen, dass es gut ist.
- Reinhold, S. 69 („Eine Gemeinschaft kann …"): 2
- Reinhold, S. 51 („Manchmal ist es …"): 2, auch 5 und 6. Der sozialdarwinistische Aspekt wird deutlich, wenn der Sprecher „das Gute" und „das Starke" gleichsetzt und den Erhalt des Starken als Zielnorm postuliert. Interessant ist auch hier ein Blick auf die Argumentationsmethode: Reinhold rechtfertigt Diktatur mit einem historischen Beispiel, das er aber unzureichend wiedergibt. Die Römer kannten in republikanischen Zeiten nur die Diktatur auf eng begrenzte Zeit, nie auf Dauer. Doch Reinhold fordert, wie der Subtext des letzten Satzes zeigt, die dauerhafte Einrichtung einer Diktatur und die Abschaffung der Demokratie, denn deren Versagen wird ja von ihm ohne irgendeine Einschränkung postuliert.
- Reinhold, S. 148 („Früher war das …"): 4, auch 1. Spezifisch antisemitische Ausführungen sind hier nicht enthalten, was für den modernen Neonazismus durchaus typisch ist. Rassistisch-ausländerfeindliche Parolen dominieren, Antisemitismus ist primär im Zusammenhang mit geschichtsverfälschenden Aussagen, z. B. der „Auschwitz-Lüge", bedeutsam (vgl. Reinholds Formulierung: „Über den sogenannten Holocaust unterhalten wir uns ein andermal", S. 52). Dem taktischen Vorgehen der Neonazis (sich unauffällig einschleichen, Abschreckung vermeiden) entspricht es, wenn Reinhold das Gespräch mit Benjamin über das Dritte Reich (S. 49–52) in dem Moment abbricht, als der Junge auf die Juden zu sprechen kommt.
- Reinhold, S. 148 („[…] die Kuscheljustiz …"): 7, auch 4. Mit den „Falschen" sind inhaftierte Neonazis gemeint, darauf müssen Sie die Schüler hinweisen, denn das Zitat stammt aus einem noch ungelesenen bzw. unbesprochenen Teil des Buches. Die weiteren Ausführungen sind Teil der typischen Verschwörungstheorien: Justiz und

Staat hätten sich gegen die Neonazis und das deutsche Volk verschworen. Eine Formulierung wie „deutsche[r] Volkskörper" entstammt der Sprache des Dritten Reiches. Es empfiehlt sich, schon hier diese Metapher genauer zu betrachten: Sie impliziert nämlich, dass alle Feinde (aus Sicht der Neonazis) mit Viren und Bakterien (im Nazijargon: „Ungeziefer") gleichzusetzen sind, womit Gegner sprachlich entmenschlicht und ihres Lebensrechts beraubt werden.

- Hartmut, S. 182 („Habt ihr …"): 4, auch 1. Neonazistischer Rassismus bezieht sich nicht nur auf klassische Rassen und damit Hautfarben; die hasserfüllte Ablehnung von Polen basiert auf der NS-Vorstellung vom „slawischen Untermenschen".

## Gesprächs- und Schreibanlässe

### Einstieg in die Lektüre

Nach Austeilung der Bücher ist eine Auseinandersetzung mit Cover, Titel, Inhaltsverzeichnis und erstem Textabschnitt (kursiv gedruckt) sinnvoll. Diese Teile informieren den Leser, beeinflussen ihn aber auch (Leserlenkung). Die Schüler werden überrascht sein, wie ergiebig eine solche Analyse sein kann.

Es ist davon abzuraten, die Lektüre ohne diesen Einstieg zu verteilen und lesen zu lassen. Zum einen sollten die Schüler bewusst an das Lesen herangehen und das Buch nicht als einfachen Krimi betrachten, wozu der kursiv gedruckte Teil am Anfang verleiten könnte. Zum anderen wird die Motivation zur Lektüre durch die folgende Analyse zweifellos erhöht. Die anschließenden Leitfragen können Sie auch auf Folie kopieren.

- Was assoziierst du mit der Farbe Braun?
- Welche Bedeutungen dürften unter Berücksichtigung weiterer Elemente des Titelbildes sowie des Titels irrelevant sein?
- Welche Bedeutung könnten die Elemente des Titelbildes haben?
- Was erfährt man über die Handlung, den Handlungskontext und den Ich-Erzähler in dem Textausschnitt auf dem Buchrücken?
- Welche Hinweise auf die Handlung kann man aus den bisherigen Analysebefunden ableiten?
- Welche sprachliche Form haben die Überschriften im Inhaltsverzeichnis? Was erfährt man über die Atmosphäre bzw. den Grundcharakter der Handlung? Analysiere dazu auch den Wortschatz genauer.
- Zum ersten Textabschnitt: In welcher Situation befindet sich der Ich-Erzähler? Was erfährt man über ihn und über die Vorgeschichte?
- Worauf lenkt der Autor durch den Abschnitt das Leserinteresse? Warum wird es erhalten, obwohl man schon am Anfang des Romans erfährt, in welcher Situation der Ich-Erzähler am Ende steckt? Welche erzählerische Bedeutung hat die Frage am Ende des Abschnitts?
- Welche Wirkung hat der Umstand, dass der Autor einen Fünfzehnjährigen zur Hauptfigur macht und nicht einen Älteren?
- Wie könnte sich die Handlung bis zu der Situation aus dem ersten Abschnitt entwickeln?

Folgende Erkenntnisse kann die Analyse ergeben:

- Assoziationen zur Farbe Braun (sowohl Bestandteil des Titels als auch Grundfarbe des Covers): Braun hat wie jede Farbe ein breites kulturelles und wahrnehmungspsychologisches Bedeutungsspektrum (vgl. dazu die Angaben auf folgenden Internetseiten: *http://de.wikipedia.org/wiki/Braun*, *http://www.symbolonline.de/index.php?title=Braun* (eine Wiki-Seite speziell zu Symbolen) und *http://wordweb.ch/bedeutung-von-farben.html* (eine kostenlose Seite von Autoren zum Thema Website-Gestaltung und Werbung).
- Eingegrenzte Bedeutung der Farbe Braun hier: Die Verknüpfung der Begriffe Erde und Braun engt die Assoziationen ein auf „urwüchsig, Mutter Erde, Mutterboden, fruchtbar", allerdings werden positive Aspekte durch andere Bildelemente verdrängt. Die Verknüpfung von Braun und Nationalsozialismus ist von den bisher interpretierten Elementen aber noch nicht ableitbar.
- Titelbild: Im Bildzentrum stehen die Abdrücke von Stiefeln mit starkem Profil, die freilich noch nichts Böses bedeuten müssen (es könnten auch einfach die Arbeitsstiefel eines Landwirtes sein). Die Erde ist aufgeweicht, nur wenige kleine Grashälmchen sind zu erkennen: Das steht nicht für Fruchtbarkeit, sondern schafft eine ungemütliche, herbstlich-winterliche Atmosphäre (Jahreszeit symbolisch für Zeit des Sterbens).
- Text auf dem Buchrücken: Der abgedruckte Gesprächsausschnitt erscheint zunächst wie das Gespräch unter Kriminellen mit einem Ich-Erzähler, der aussteigen will. Im Weiteren wird aber der rechtsextremistische Kontext durch den Begriff „Volksverhetzung" klar. Die Erwähnung einer „Aktion mit den beiden Polen" deutet in diesem Zusammenhang auf eine ausländerfeindliche Gewalttat hin, was in Bezug auf die äußere Handlung

Spannung schafft. Der letzte Satz verweist darauf, dass der Ich-Erzähler sich der Dimensionen seines Handelns nicht bewusst war und erschüttert ist, wie tief er in die Sache hineingeraten ist.

- Zwischenfazit: Die Farbe und der Begriff Braun verweisen auf einen rechtsextremistischen Handlungskontext und es geht um Handlungen, die gegen Strafgesetze verstoßen. In diese rutscht ein Ich-Erzähler hinein, ohne dass er sich über die Tragweite seines Tuns im Klaren ist. Auch die Stiefelabdrücke auf dem Cover lassen sich nun einordnen: Sie stehen für das Schuhwerk, das mit der rechtsextremen Szene verbunden wird und als Mittel der Gewalt dient (vgl. „jemanden stiefeln").
- Inhaltsverzeichnis: Die sprachliche Form verweist auf Sprichwörter, in der Mehrzahl im Stile von sog. Bauernweisheiten – das deutet darauf hin, dass die Handlung im ländlichen Raum spielt. Mit Ausnahme des ersten Spruchs haben alle einen negativen Charakter, wie eine Wortschatzanalyse aufzeigen kann. Auch wenn man sich kaum eine konkrete Handlung vorstellen kann, ist die Atmosphäre des Geschehens klar: unheimlich, gefährlich, mörderisch, böse. Zudem zeichnet sich ein Spannungsbogen im Sinne einer zunehmenden Eskalation ab.
- Erster Textabschnitt: Der Abschnitt vermittelt wesentliche Informationen über den Ich-Erzähler: ein fünfzehnjähriger Junge, der in einer lebensgefährlichen Situation ist und verfolgt wird, weil er offenbar zu viel weiß. Obwohl er für den Moment gerettet zu sein scheint, rechnet er nicht mit einem glücklichen Ausgang, da er nicht auf Hilfe hoffen kann. Das Geschehen spielt in einem Dorf, in dem offenbar die Freunde wie auch die Feinde des Jungen leben, und die Flucht ereignet sich sieben Monate nach der Ankunft der Verfolger. Der Ich-Erzähler ist völlig verwirrt und kann sich nicht erklären, wie er in diese Lage geraten ist.
- Erzählerische Funktion des Abschnitts: Er baut eine hohe Spannung auf: Der Leser weiß, dass die Handlung sich von einer harmlosen Ausgangslage zu einer dramatischen Gefahrensituation entwickeln wird, ohne dass er das tatsächliche Ende kennt. Letzteres verhindert eine Reduzierung des Interesses, Ersteres lenkt das Leserinteresse auf die Gründe der Handlungsentwicklung (weg von der sonst üblichen Konzentration darauf, wie die Sache wohl ausgeht). Dazu dient auch die Frage am Ende des Textabschnitts, zumal sie mit dem Ende des Klappentextes korrespondiert. Außerdem schafft die Frage Spannung und bewirkt eine Erhöhung der Identifikation des Lesers mit dem Ich-Erzähler, denn beide teilen ein Gefühl der Ratlosigkeit.
- Wirkung des Alters der Hauptfigur: Dass der Autor einen Fünfzehnjährigen als Ich-Erzähler und offenbar als Hauptfigur einsetzt, verhindert beim Leser ein vorschnelles Urteil. Bei einem Älteren würden viele reflexartig denken, es geschehe ihm recht, zum Opfer der eigenen braunen Genossen zu werden. Wenn hingegen ein Jugendlicher in die Fänge Rechtsextremer gerät, wird man ihn zumindest auch als Opfer und nicht allein als Täter betrachten, was Sympathie und Verständnis schafft.
- Hypothesen über den Handlungsablauf: Erfahrungsgemäß werden die Schüler sehr unterschiedliche Ideen entwickeln. Genau das aber schafft weitere Spannung und Motivation und ist daher methodisch-didaktisch ein wichtiger Schritt.

**Personenkonstellation**

Aufgrund der Komplexität der Handlung und der Vielzahl an Figuren ist es sinnvoll, den Schülern zu helfen, den Überblick zu bewahren. Bereits nach der Lektüre der ersten drei Kapitel kann eine Personenkonstellation mit steckbriefartigen Charakterisierungen erarbeitet werden. An manchen Stellen wird zwar später eine Korrektur nötig sein (z. B. glaubt man zunächst, die Mutter der Zwillinge sei gestorben, erfährt aber später, dass sie die Familie verlassen hat), doch das ist von nachrangiger Bedeutung.

Die Erarbeitung von Kurzcharakterisierungen ist vor allem dann sinnvoll, wenn Sie die Lektüre mit der Aufsatzform Charakteristik bzw. der Aufgabenform „Charakterisieren einer Figur" im Rahmen einer Textanalyse verbinden. In diesem Fall sollten Sie die Schüler auch von vornherein dazu anhalten, alle Aussagen mit Textbelegen in Form von Seitenangaben zu versehen, um das argumentative Handwerkszeug einzuüben.

Die Beschäftigung mit der Personenkonstellation kann wie folgt aufgebaut werden:

- Klärung der Grundkonstellation: Wie lassen sich die Figuren gruppieren? (Dorfbewohner, Neuankömmlinge auf dem Gutshof, Benjamin dazwischen; Hauptfiguren vs. Nebenfiguren, z. B. bei den Gutshofbewohnern Thure und Hartmut als Nebenfiguren; Figuren des Handlungsraums Schule stehen im ersten Buchteil insgesamt am Rande, sie können in späteren Abschnitten der Lektürebesprechung genauer betrachtet werden)
- Arbeitsteilige Gruppenarbeit: Die Hälfte der Klasse entwickelt in Gruppen Plakate zu den Dorfbewohnern, die andere zu den Gutshofbewohnern. Die Plakate sollen grafisch, ohne längere Texte gestaltet werden, die Beziehungen darstellen und stichpunktartig wesentliche Angaben zu äußeren Daten (z. B. Alter, Beruf) und Persönlichkeit (Grundcharakterzüge) enthalten. Die Schüler trainieren so nebenbei das verdichtete Formulieren.
- Vergleich der Gruppenergebnisse in Form einer Vernissage, Entscheidung über das beste Ergebnis (ggf. nach

kleinen Korrekturen): Bei der Besprechung wird schnell deutlich, an welchen Stellen Schüler die Handlung falsch verstanden haben, bei welchen Charakterisierungen sie etwas in den Text „hineininterpretieren", anstatt ihn genau zu lesen, und wo sie werten, statt sachlich-distanziert zu analysieren (erfahrungsgemäß eine der größten Gefahrenquellen bei der Textinterpretation).

- Kurzcharakteristik Benjamins im Plenum: Da Benjamin als Hauptfigur und Ich-Erzähler noch genauer unter die Lupe genommen wird (vgl. KVs S. 23–25), brauchen die Ergebnisse der Kurzbesprechung nicht festgehalten zu werden.
- Anlage einer „wachsenden Plakatwand" im Klassenzimmer: Es bietet sich an, dass links das Plakat der Dorfbewohner hängt, dazwischen eines, auf dem nur der Name Benjamin steht, rechts das der Gutshofbewohner. Eine solche Plakatwand hat methodisch Vorteile: Die Lektüre bleibt den Schülern präsent und Sie können während der Besprechung laufend Korrekturen bzw. Ergänzungen vornehmen, ohne Hefteinträge verändern lassen zu müssen, was bei Schülern bekanntermaßen sehr unbeliebt ist. Dass das Ergebnis der Stunde nicht im Heft steht, ist legitimierbar: Da das Buch abschnittsweise besprochen wird, nicht nach vollständiger Lektüre, ist mit Änderungen zu rechnen. Bei jeder Änderung eine neue Personenkonstellation ins Heft eintragen zu lassen, kostet viel Zeit, ohne dass damit etwas gewonnen wäre. Die endgültige Konstellation wird am Ende der Buchbesprechung notiert und zeigt auf einen Blick Zusammenhänge und Entwicklungen.

## Kreativ aktiv

**Lektüreportfolio / Lesetagebuch**

Beides ist inzwischen ein gängiges Mittel, um Schüler zu einer aktiven Auseinandersetzung mit einer Lektüre zu bringen. In einem Portolio zu Daniel Höras Buch können die Schüler Folgendes festhalten bzw. einbauen: Zitate, die sie persönlich besonders beeindrucken und betreffen, aktuelle Zeitungsmeldungen oder private Recherchen zum Themenbereich Neonazismus, Zeichnungen zu einzelnen Szenen sowie fiktive Briefe an einzelne Figuren.

**Positiv-Tagebuch**

Parallel zur KV „Sich stark machen" (S. 26), in der es um die eigenen Stärken geht, können die Schüler im Sinne einer Wahrnehmungsdifferenzierung ein Tagebuch verfassen, in dem sie nicht die schlechten Erlebnisse eines Tages notieren, sondern positive – selbst wenn es sich nur um Kleinigkeiten wie einen freundlichen Blick handelt. Dabei ist der Weg das Ziel: Nicht die Menge oder die Wichtigkeit der positiven Ereignisse ist entscheidend, sondern der Versuch, sich von einem einseitig negativen Blick zu lösen. Um Widerstände zu vermeiden, sollten Sie ein solches Positiv-Tagebuch nicht als Pflichtaufgabe einführen, sondern lieber so attraktiv darstellen, dass die Schüler motiviert werden. Mancher lässt sich vielleicht auch dadurch gewinnen, dass Sie das Ganze als Experiment bezeichnen oder erzählen, wie gut es Ihnen selbst getan hat, ein solches Tagebuch zu führen …

## Recherche

Bei dieser Lektüre ist, wie einleitend erwähnt, die Informationsebene sehr bedeutsam. Zum Beispiel wissen viele westdeutsche Jugendliche kaum Bescheid über die Situation in der ostdeutschen Provinz oder bringen Parolen auf Stammtischniveau. Auf der anderen Seite besteht die Gefahr, die Unterrichtseinheit durch zu viel Input zu überdehnen. Als Mittelweg ist es denkbar, die Einheit mit Kurzreferaten bzw. -präsentationen zu verbinden. Neben den beiden Themenbereichen „Probleme des ländlichen Raums in der Ex-DDR" und „Der Autor Daniel Höra und andere seiner Werke" bietet sich zum ersten Buchteil das folgende Thema an:

**Siedlerprojekte von Neonazis**

Besonders eindrucksvoll ist ein Kapitel in folgendem Buch: Astrid Geisler / Christoph Schultheis: Heile Welten. Rechter Alltag in Deutschland. München (Hanser) 2011. In dem Kapitel „Bargischow. Mit Spanferkeln gegen das System. Freibier für die Freunde, Denkzettel für die ‚Nestbeschmutzer': Wie Neonazis in einem Dorf in Ostvorpommern ihren Einfluss sichern" (S. 53 ff.) schildern die Autoren ein Siedlerprojekt, das in nicht wenigen Aspekten der Geschichte Bütenows ähnelt; die dortigen Geschehnisse hat Daniel Höra in sein Werk einfließen lassen. Eine Schülergruppe kann den Text vorstellen und die Situation von Bargischow und Bütenow miteinander vergleichen.
Weitere interessante Quellen zum Thema sind:

- Christian Thiele: Bullerbü in Braun. In Mecklenburg-Vorpommern sind in Kindergärten und Schulen Rechtsextreme auf dem Vormarsch. Viele Eltern sind hilflos. In: Zeit-Online 17.11.2011. *http://www.zeit.de/2011/47/Kindergarten-Schule-Rechtsextreme/komplettansicht.*
- Andrea Röpke unter Mitarbeit von Djamila Benkhelouf: Braune Biokost – Rechte Siedler im Nordosten. NDR-Dossier 2012. *http://www.ndr.de/regional/dossiers/der_norden_schaut_hin/schauplaetze/brauneoekologen113.html.*

# Rechtsextremismus in Zahlen (1)

Analysiere die folgenden Tabellen aus dem Verfassungsschutzbericht 2011. Untersuche dabei auch die Entwicklung der rechtsextremen Szene über die angegebenen Jahre hinweg. Notiere die wesentlichen Ergebnisse stichpunktartig.

| Rechtsextremismuspotential[1] | | | | | | |
|---|---|---|---|---|---|---|
| | 2009 | | 2010 | | 2011 | |
| | Gruppen | Personen | Gruppen | Personen | Gruppen | Personen |
| Subkulturell geprägte Rechtsextremisten | 1 | 9000 | 1 | 8300 | 2 | 7600 |
| Neonazis[2] | 132 | 5000 | 153 | 5600 | 157 | 6000 |
| in Parteien<br>– „Nationaldemokratische Partei Deutschlands" (NPD)<br>– „Deutsche Volksunion" (DVU) | 2 | 11300<br>6800<br><br>4500 | 2 | 9600<br>6600<br><br>3000 | 2 | 7300<br>6300<br><br>1000 |
| Sonstige rechtsextremistische Organisationen | 60 | 2500 | 63 | 2500 | 64 | 2500 |
| Summe | 195 | 27800 | 219 | 26000 | 225 | 23400 |
| nach Abzug von Mehrfachmitgliedschaften[3] | | 26600 | | 25000 | | 22400 |
| davon gewaltbereite Rechtsextremisten[4] | | | | 9500 | | 9800 |

| Gewalttaten mit extremistischem Hintergrund aus dem Bereich „Politisch motivierte Kriminalität – rechts" | 2010 | 2011 |
|---|---|---|
| Gesamt | 762 | 755 |
| Fremdenfeindliche Gewalttaten | 285 | 350 |
| Gewalttaten gegen Linksextremisten oder vermeintliche Linksextremisten | 275 | 217 |
| Gewalttaten gegen sonstige politische Gegner | 42 | 61 |
| Antisemitische Gewalttaten | 29 | 22 |

[1] Die Zahlen sind z.T. geschätzt und gerundet.
[2] Nach Abzug von Mehrfachmitgliedschaften innerhalb der Neonazi-Szene. In der Zahl der Gruppen sind nur diejenigen neonazistischen Gruppierungen enthalten, die ein gewisses Maß an Organisationsstruktur aufweisen.
[3] Die Mehrfachmitgliedschaften im Bereich der Parteien und sonstigen rechtsextremistischen Organisationen wurden vom gesamten Personenpotenzial abgezogen (für das Jahr 2010: 1000; für das Jahr 2011: 1000).
[4] Aufgrund des Wandels innerhalb der rechtsextremistischen Szene wurde die Zahl der gewaltbereiten Rechtsextremisten 2010 erstmals gesondert ausgewiesen […].

*Quelle: Bundesministerium des Innern (Hrsg.): Bundesamt für den Verfassungsschutz (Redaktion): Verfassungsschutzbericht 2011, 2. Aufl. 2013, S. 38 und 57.*

# Rechtsextremismus in Zahlen (2)

Analysiere die folgende Tabelle und notiere die wesentlichen Ergebnisse stichpunktartig.

| Straftaten mit rechtsextremistisch motiviertem Hintergrund[5] | allgemein | | mit fremdenfeindlichem Hintergrund | |
|---|---|---|---|---|
| | 2010 | 2011 | 2010 | 2011 |
| Gewalttaten: | | | | |
| Tötungsdelikte | 0 | 0 | 0 | 0 |
| Versuchte Tötungsdelikte | 6 | 5 | 2 | 3 |
| Körperverletzungen | 638 | 640 | 263 | 326 |
| Brandstiftungen | 29 | 20 | 12 | 7 |
| Herbeiführen einer Sprengstoffexplosion | 2 | 0 | 0 | 0 |
| Landfriedensbruch | 25 | 27 | 5 | 1 |
| Gefährliche Eingriffe in den Bahn-, Luft-, Schiffs- und Straßenverkehr | 4 | 6 | 1 | 0 |
| Freiheitsberaubung | 0 | 2 | 0 | 2 |
| Raub | 7 | 12 | 1 | 5 |
| Erpressung | 3 | 4 | 0 | 3 |
| Widerstandsdelikte | 48 | 39 | 1 | 3 |
| Sexualdelikte | 0 | 0 | 0 | 0 |
| gesamt | 762 | 755 | 285 | 350 |
| Sonstige Straftaten: | | | | |
| Sachbeschädigungen | 1335 | 1377 | | |
| Nötigung / Bedrohung | 127 | 128 | | |
| Propagandadelikte | 11384 | 11401 | | |
| Störung der Totenruhe | 18 | 17 | | |
| Andere Straftaten, insbesondere Volksverhetzung | 2279 | 2464 | | |
| gesamt | 15143 | 15387 | | |
| Straftaten insgesamt | 15905 | 16142 | | |

[5] Die Zahlen basieren auf Angaben des BKA [= Bundeskriminalamt; Anm. d. Verf.]. Die Übersicht enthält – mit Ausnahme der Tötungsdelikte – vollendete und versuchte Straftaten. Jede Tat wurde nur einmal gezählt. Sind z. B. während eines Landfriedensbruchs zugleich Körperverletzungen begangen worden, so erscheint nur die Körperverletzung als das Delikt mit der höheren Strafandrohung in der Statistik. Wurden mehrere Straftaten verübt, wurde ausschließlich der schwerer wiegende Straftatbestand gezählt.

*Quelle: Bundesministerium des Innern (Hrsg.): Bundesamt für den Verfassungsschutz (Redaktion): Verfassungsschutzbericht 2011, 2. Aufl. 2013, S. 37 und 39.*

Recherchiere unter *www.verfassungsschutz.de* nach dem aktuellen Verfassungsschutzbericht und vergleiche die dort stehenden Angaben mit deinen Ergebnissen.

# Definition zentraler Begriffe

**„Subkulturell geprägte Rechtsextremisten“:**

- **kein geschlossenes rechtsextremistisches Weltbild**, aber einzelne Ansichten und Argumentationsmuster dieser Ideologie
- Hauptmerkmal: Orientierung an der **für die Szene typischen Musik, die Feindbilder vermittelt**, und einem entsprechenden Lebensstil
- früher v.a. Skinheads, inzwischen Subkulturen wie die „NS-Hatecore-“ oder die „NS-Black-Metal-Szene“ sowie die „Autonomen Nationalisten“ mit starker Gewaltbereitschaft
- **Grenzen zu Neonazi-Gruppen verschwimmen**
- **Straftaten meist aus der Situation heraus**, also nicht langfristig geplant; zum Teil unter Alkoholeinfluss; Opfer entsprechen den vermittelten Feindbildern
- „**Aktivitäten mit Erlebnischarakter** stehen für sie im Vordergrund, etwa der Besuch entsprechender Musikveranstaltungen oder die Teilnahme an Demonstrationen, nicht jedoch Ideologiediskussionen und dauerhafte politische Agitation.“
- keine überregionalen Vernetzungen, sondern **Kleingruppen** oder Musikbands

**„Neonazis“:**

- **geschlossenes Weltbild aus rechtsextremistischen Grundüberzeugungen**, dabei im Einzelnen aber durchaus Unterschiede
- vor allem **regionale Gruppierungen**, weniger überregionale Zusammenschlüsse, um z.B. Verbote von Gruppen zu erschweren; oft aber **Vernetzung der Führungsfiguren** auch über Internet und soziale Netzwerke
- auch **Gruppen der „Siedlungsbewegung“**, wie sie im Buch thematisiert wird
- **hohe Gewaltbereitschaft**

**„Politisch motivierte Kriminalität“:**

- **klassische Staatsschutzdelikte**, z.B. Vorbereitung zum Angriffskrieg, Landesverrat, Gefährdung der demokratischen Ordnung
- **aus politischen Gründen begangene allgemein kriminelle Straftaten** (z.B. Tötungsdelikte, Körperverletzung, Brandstiftung, Sachbeschädigung), die
  - politische Entscheidungsprozesse beeinflussen sollen
  - sich gegen die freiheitliche demokratische Grundordnung richten bzw. die Sicherheit staatlicher Einrichtungen gefährden
  - oder sich gegen einen Menschen wegen seiner politischen Einstellung, Nationalität, Volkszugehörigkeit, Rasse, Hautfarbe, Religion, Weltanschauung, Herkunft oder aufgrund seines äußeren Erscheinungsbildes, seiner Behinderung, seiner sexuellen Orientierung oder seines gesellschaftlichen Status richten („**Hasskriminalität**“)

*Zitiert nach: Bundesministerium des Innern (Hrsg.): Bundesamt für den Verfassungsschutz (Redaktion): Verfassungsschutzbericht 2011, 2. Aufl. 2013, S. 34f., 66, 68ff.*

# Bütenow und seine Probleme

Sammelt in Gruppenarbeit mithilfe der angegebenen Seiten Informationen über die Situation des Dorfes Bütenow und seiner Bewohner.

Notiert die Ergebnisse stichpunktartig und mit genauer Seitenzahl.

| | Wirtschaftliche Situation und Bevölkerungszahl | Infrastruktur und soziale Situation | Stimmung und Werte |
|---|---|---|---|
| relevante Textstellen | S. 8 f., 11, 14, 29 | S. 13 f., 21, 29–32, 43 | S. 8, 13–15, 33, 60, 75 |
| früher | DDR-Zeit: ______ ______ Nach der Wende: ______ ______ ______ ______ ______ | DDR-Zeit: ______ Nach der Wende: ______ ______ ______ ______ ______ ______ | keine Informationen |
| ↓ | ↓ | ↓ | ↓ |
| heute | ______ ______ ______ ______ ______ ______ ______ ______ | ______ ______ ______ ______ ______ ______ ______ ______ | ______ ______ ______ ______ ______ ______ ______ ______ |
| ↓ | ↓ | ↓ | ↓ |
| Fazit | ______ ______ | ______ ______ | ______ ______ |

# Wie schleichen sich die Neonazis ein?

| Bütenows Probleme | | |
|---|---|---|
| keine Arbeit | keine Gemeinschaft, kein soziales Leben | Misstrauen, Angst, Abwehr, Egoismus |
| ↑ | ↑ Aktivitäten der Neonazis ↑ | ↑ |
| keine entsprechenden Aktivitäten – diese Probleme zu lösen würde die Gutshausbewohner überfordern, sie könnten sich nur blamieren (Anmerkung: Reinholds auf S. 81 geäußerter Plan, einen großen landwirtschaftlichen Betrieb zu schaffen, bleibt Gerede.) | Propagierung eines allgemeinen Gemeinschaftsgedankens ohne expliziten Bezug zur Neonazi-Ideologie (S. 32, 59)<br><br>Hilfe für Einzelne:<br>Frau Narjes (S. 30 ff., 42),<br>Herrn Gloger (S. 43 ff.)<br><br>Initiative Platzhaus (S. 44 f., 59, 62 ff.): gemeinschaftliche Renovierung als Basis für Reaktivierung des Gemeinschaftsgefühls; so wollen die Neuankömmlinge als Teil dieser Gemeinschaft wahrgenommen werden | keine Vermittlung neonazistischer Ideologie (allenfalls einzelne Äußerungen Freyas gegenüber Frau Narjes), um Misstrauen nicht anzustacheln; daher auch Reinholds Verbot, die Reichskriegsflagge zu hissen (S. 36 f.)<br><br>tatkräftiges Engagement statt leerer Worte, um sich positiv abzuheben (Menschen im Osten erlebten zu oft leere Versprechungen) |
| | Fazit: Ansetzen an menschlichen Grundbedürfnissen | Fazit: scheinbare Selbstlosigkeit des Engagements |
| Gesamtfazit: Aufbau von Nähe und Sympathie | | |

# Benjamins Tagebuch

Benjamin ist Bücherliebhaber – vielleicht schreibt er sogar Tagebuch. Versetze dich in ihn hinein und schreibe Tagebucheinträge zu den drei aufgeführten Themen.

Ich und meine Familie

Ich und die Leute in meinem Alter

Wie ich mich überhaupt so fühle

Lest die Tagebucheinträge einander vor und diskutiert, ob alle wichtigen Gesichtspunkte enthalten sind.

# Benjamin – ein ganz normaler Junge?

Stellt in Gruppen und mithilfe der Überschriften auf diesem Blatt zusammen, welche Probleme Benjamin hat.

Notiert eure Ergebnisse stichpunktartig und mit genauer Seitenzahl.

**Familiäre Situation**

**Soziale Situation**

**Fazit**

**Seelische Situation**

**Fähigkeiten und Interessen**

# Wie gewinnen die Neonazis Benjamin für sich?

| Benjamins bislang unerfüllte Grundbedürfnisse nach … | | | |
|---|---|---|---|
| positiven Autoritäten und Vorbildern | Anerkennung seiner Person | Gemeinschaft und Zugehörigkeit | Erlebnissen, Aktivität und Lebendigkeit |
| … von den Gutshofbewohnern erfüllt durch … | | | |
| freundliche Zuwendung durch Reinhold (u. a. S. 18, 29), Reinhold und Uta als positive, zugewandte Elternfiguren (S. 61)<br><br>Zwillinge als faszinierende männliche Vorbilder (S. 10) | Freude von Reinhold, Uta und Freya über Benjamins Anwesenheit (S. 17, 28)<br><br>Anerkennung seiner Fähigkeiten und seines Einsatzes, Lob (S. 18, 21, 24, 26, 70, 73)<br><br>Freyas Interesse an Benjamin (u. a. S. 19, 20, 25 f., 29) | von Beginn an freundlich-vertrauliches Auftreten (S. 11, 17)<br><br>sofortige Integration (S. 17 ff.)<br><br>Anfreundung mit den Zwillingen trotz anfänglicher Hindernisse (S. 37 ff., 40, 47, 59) | lebendiges Familienleben, viel Lachen (S. 24)<br><br>Gutshofleben im Ganzen als Alternative zur Langeweile in Bütenow |
| Und das hilft ihnen dabei: | | | |
| Fehlen anderer Menschen, die Benjamins Bedürfnisse befriedigen<br><br>Ort (Abgelegenheit Bütenows) und Zeit (Sommerferien)<br><br>Benjamins Labilität und soziales Außenseitertum | | | |

Benjamin in der Beziehungsfalle

| | | | |
|---|---|---|---|
| geht mit Freya zu Frau Narjes, obwohl er keine Lust hat (S. 30) | hält Freyas Musik lange aus, obschon er sie miserabel findet (S. 53 f.) | merkt nicht einmal mehr den abscheulichen Geschmack des Tees nach Utas und Reinholds Vertrauenserklärung (S. 70) | verliert zwar immer wieder die Lust an den „Militärübungen" der Zwillinge und ärgert sich über deren Grobheiten, macht dann aber trotzdem wieder mit und schluckt seinen Ärger hinunter (S. 39 f., 59, 73) |

# Sich stark machen

Den meisten Menschen fällt viel ein, wenn man sie nach ihren Schwächen fragt, denn wir sind es gewohnt, eher auf das Negative zu achten. Über die eigenen Fähigkeiten und starken Seiten nachzudenken oder sie gar zu äußern, gilt oft als „stinkendes Eigenlob“. Das ist es aber nur, wenn wirklich Angeberei das Ziel ist.
Will man sich allerdings stark machen, um sich z. B. gegen Naziparolen oder andere Formen von Manipulation und Gewalt zu behaupten, muss man sich seiner Stärken bewusst sein. Sie sind die Grundlage für die Bewältigung von Herausforderungen und für die Überwindung von Schwächen.

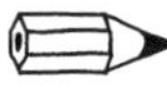

Notiere mindestens zehn Fähigkeiten, Stärken oder positive Charakterzüge von dir. Schreibe auch Eigenschaften auf, die auf den ersten Blick vielleicht „nichts Besonderes“ sind. Denke daran, was Freunde oder Freundinnen an dir schätzen. (Wichtig: Dieses Blatt bleibt bei dir und wird von niemandem kontrolliert.)

1. ______________________
2. ______________________
3. ______________________
4. ______________________
5. ______________________
6. ______________________
7. ______________________
8. ______________________
9. ______________________
10. ______________________
11. ______________________
12. ______________________
13. ______________________
14. ______________________

Unterhalte dich mit einem Banknachbarn über das Thema Stärken. Teilt einander mit, was ihr am anderen schätzt.

Besprecht in der Klasse, wie es euch bei diesen Aufgaben gegangen ist und wie ihr euch jetzt fühlt.

# Das Weltbild der Neonazis

Typische Merkmale der Ideologie (des Weltbilds) der Neonazis sind:

(1) Rassismus, Antisemitismus
(2) Plädoyer für eine autoritäre Regierungsherrschaft und die absolute Unterordnung des Einzelnen, Ablehnung der individuellen Freiheitsrechte
(3) Verharmlosung des Nationalsozialismus und Leugnung seiner Gräueltaten; Vorwurf an Schulen und Medien, die Nazi-Herrschaft falsch darzustellen
(4) Nationalismus (einschließlich Verschwörungstheorien und Vorstellungen von der Bedrohung durch andere Staaten und Kulturen)
(5) Sozialdarwinismus (Recht des Stärkeren, Ausmerzung des Schwachen)
(6) Gewalt als legitimes Mittel im Kampf gegen Andersdenkende / den Staat, Schwarz-Weiß-Denken
(7) Vorwurf an den Staat, Nazis unrechtmäßig zu verfolgen
(8) traditionelles Männer- und Frauenbild, Ablehnung jeder sexuellen Freiheit und Vielfalt

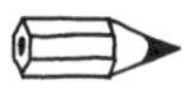

Welche dieser Merkmale sind in den Zitaten erkennbar? Diskutiere darüber mit deinem Nachbarn und schreibe jeweils die Ziffer des Merkmals in die Sprechblase. Manche Zitate passen zu mehreren Merkmalen.

◯ Wir legen […] Wert auf eine gute und starke Gemeinschaft. Wir finden es schade, dass Deutschland ein Land geworden ist, in dem jeder nur noch an sich denkt. Es ist wichtig, das Gemeinschaftsgefühl zu stärken, so wie es früher war und dem deutschen Wesen entspricht.
Uta, S. 68f.

◯ Vorsicht. Behaupte nichts, was du nicht beweisen kannst. Erstens: Den Reichstag hat ein Holländer namens Marinus van der Lubbe angesteckt. Ein Kommunist. Zweitens: Hitler wollte keinen Krieg, das ist bewiesen. Den haben ihm die Alliierten, vor allem die Engländer und die Amerikaner, aufgezwungen.
Reinhold, S. 50

◯ Die Frau ist die Hüterin des Herdes und nicht die Hure der Herde.
Uta, S. 122f.

◯ Bist du für uns oder gegen uns? […] Wenn ich den Befehl erhalten würde, würde ich dich, ohne zu zögern, abknallen.
Konrad, S. 39

◯ Die Grenzen zwischen den Geschlechtern haben sich aufgehoben; Männer verhalten sich wie Frauen und umgekehrt. Das Schwache und Kranke wird zur Norm.
Reinhold, S. 148

◯ Eine Gemeinschaft kann nur funktionieren, wenn alle mitziehen […]. Ein einziges schwarzes Schaf kann die ganze Herde zerstören.
Reinhold, S. 69

◯ Manchmal ist es nicht verkehrt, dass ein Einzelner das Sagen hat. Bei den alten Römern hatte das auch seinen Sinn. In schweren Zeiten haben sie sich freiwillig einen Herrscher gewählt, der das Reich aus der Krise geführt hat. Die Demokratie verwässert das Gute, das Reine und Starke.
Reinhold, S. 51

◯ Früher war das anders, da wusste der Einzelne, wo er hingehörte. Und jetzt? Sieh dich um. Die schütten alles mit ihrer Multikultischeiße zu, seifen uns ein und wir sollen den Dreck auch noch schlucken. Deutschland ist auf Generationen hinweg verseucht.
Reinhold, S. 148

◯ […] die Kuscheljustiz schickt die Falschen in die Gefängnisse, während die wahren Verbrecher ungestraft weitermachen dürfen und den deutschen Volkskörper schädigen.
Reinhold, S. 148

◯ Habt ihr in Polackenland keine eigenen Universitäten oder wieso nehmt ihr deutschen Studenten die Studienplätze weg?
Hartmut, S. 182

# 4. und 5. Kapitel: Benjamin zwischen Hin- und Abwendung

## Inhalt

**4. Kapitel:**
**Bleib zu Haus und koch den Brei, so kommst du nicht in Zankerei (S. 76–124)**

*Orientierungslos und panisch flüchtet Benjamin durch die Kälte. In einer kleinen Ruhepause fragt er sich erschüttert, wie er sich nur so täuschen lassen konnte.*

Benjamin verbringt kaum Zeit im Gutshaus: wegen vieler schulischer Prüfungen, um Freya zu meiden – und weil ihm der Bespitzelungsauftrag unangenehm ist. Trotzdem bezeichnet er die Gutshausbewohner als „Freunde" (S. 77). Beim ersten Besuch nach dem Prüfungsstress reagiert Uta sehr kühl und macht Benjamin ein schlechtes Gewissen, während Reinhold zunächst freundlich ist und die Indoktrination Benjamins fortsetzt. Er spricht über seine Utopie, dass massenweise „junge, erbgesunde Menschen" (S. 82) auf dem Land arbeiten, und schimpft auf die EU, die „längst den Großkonzernen" (S. 83) gehöre. Unvermittelt wechselt er das Thema und macht nun auch seinerseits Benjamin ein schlechtes Gewissen, indem er ihn auffordert, sich bei Uta und Freya zu entschuldigen. Der Junge gehorcht, wobei Uta ihm erneut vorwurfsvoll begegnet und ihn mit der Aufforderung, er solle bei Problemen zu ihnen kommen, unter Druck setzt.

Am Ende dieses Sommers besucht Benjamin regelmäßig das Gutshaus und ist fest integriert. Er genießt es, von Reinhold ernst genommen zu werden, obwohl dieser nun fortlaufend die Gesinnung des Jungen zu manipulieren versucht. Zwischendurch trifft Ben sich einmal mit Georg, der deutlich seine Abneigung gegen die Neuankömmlinge formuliert, die so schnell das ganze Dorf für sich gewonnen haben. Als Benjamin seine Freunde verteidigt, ist Georg entsetzt. Benjamin spürt die Spannung und geht, zuvor aber erneuert Georg seine Einladung zu der Fahrt nach Stettin.

Als die Zwillinge beklagen, auf dem Flugplatz noch zu wenig Munition gefunden zu haben, schlägt Benjamin vor, die genaue Lage des Schießplatzes im Katasteramt der Kreisstadt herauszubekommen. Dort treffen die drei Jugendlichen auf eine Mitarbeiterin, die mit ihren Sprüchen gegen Homosexuelle und Russen den alltäglichen Rechtsradikalismus repräsentiert. Vor dem Rathaus begegnen sie Skatern. Einen von ihnen (Mirko, wie Benjamin weiß) rempelt Gunter unvermittelt an und Konrad schlägt ihn sogar mit der Faust nieder. Auf der Rückfahrt erfährt Ben vom Plan der Gutshausbewohner, anlässlich der Wintersonnenwende ein großes Fest im Dorf zu feiern. Ihm geht aber Konrads Aktion nicht aus dem Sinn; der Spaß, den dieser offenbar dabei empfand, erschüttert Ben – aber letztlich ist ihm die Freundschaft mit den Zwillingen wichtiger.

Nach den Herbstferien begegnet Benjamin vor der Schule Mirko und seinen Freunden. Einer von ihnen bedroht nun seinerseits Benjamin, beschimpft ihn und die Gutshofbewohner als Nazis und schlägt ihm in den Magen. Der völlig überrumpelte und verzweifelte Benjamin droht ihnen, während sie abziehen, mit den Zwillingen. Der Vorfall steigert seine Verbundenheit mit seinen Freunden, selbst wenn in seinen Gedankenreden deutlich wird, dass er deren Einstellungen im Kern nicht teilt.

Tage später erzählt Benjamin Uta von dem Vorfall in der Schule. Obwohl er die Sache auf sich beruhen lassen möchte, um eine Gewaltspirale zu verhindern, rät Uta ihm, sich nichts gefallen zu lassen. Sie verdreht Täter und Opfer, indem sie den Skatern den Gebrauch von Gewalt gegen Andersdenkende vorwirft; freilich hat Benjamin ihr nicht von der vorangegangenen Gewaltaktion der Zwillinge berichtet. Uta schlägt vor, die Zwillinge sollten die Skater „zur Vernunft bringen" (S. 99).

Zu Beginn des Kapitels hat Benjamin eine Einladung der Zwillinge zu einer Demonstration in Berlin angenommen, zu der sie jetzt fahren. Am Berliner Bahnhof lernt Benjamin skurrile Gestalten der dortigen Neonaziszene kennen, allen voran Wotan, einen pathetisch sprechenden jungen Mann, den alle als Führerfigur achten, sowie Renée. Nach einer Stadtrundfahrt beziehen sie in einer „nationale[n] Wohngemeinschaft" (S. 103) Quartier, wo noch Vorbereitungen für die Demonstration getroffen werden. Benjamin findet Renée mehr als sympathisch, doch Gunter warnt ihn, sie gehöre Wotan. Insgesamt veranschaulicht der Aufenthalt die Bandbreite der Neonaziszene: von dumpfen Skins, die Benjamin auf einem Konzert erlebt, über die Mädchen um Renée, die sich vom konservativen Frauenbild lösen, bis hin zu Altnazis jeder Couleur auf der Demonstration. Vor einer Polizeikontrolle auf dem Weg dorthin drücken ihm die Zwillinge Molotowcocktails in die Hand, die er unter seiner Jacke verstecken soll. Auch wenn ihn das irritiert, fühlt er sich doch als „Teil von etwas Größerem" (S. 111). Es kommt zur Eskalation, als Antifa-Gruppen Steine auf die Neonazis werfen. Diese reagieren mit Wut und stürmen auf die Gegendemonstranten zu, während die Polizei mit Gewalt Ordnung zu schaffen versucht. Konrad wirft schließlich einen Molotowcocktail auf die Gegner, wodurch ein Mädchen in Brand gerät. Als die Zwillinge sich stolz abklatschen, empfindet Benjamin Verachtung für sie. Voller Unverständnis über den allgemeinen Hass flieht Benjamin vor der Schlacht und kann sich mit Renées Hilfe in einen Innenhof retten. Er verbringt die Nacht bei ihr; beim Frühstück betont sie noch, dass sie nicht mit Wotan zusammen sei. Am Bahnhof trifft Benjamin wieder auf die Zwillinge. Gunter macht ihm schwere Vorwürfe, dass er mit Renée geschlafen habe; Wotan hasse ihn dafür. Benjamins Versuche, gegen das krude Frauenbild der Szene zu argumentieren, prallen an den Zwillingen ab. Auf der Fahrt prahlt Konrad mit seinen Gewaltaktionen auf der Demonstration, während Gunter Benjamin vorwirft, geflohen zu sein, und anhaltend beleidigt ist. Benjamin will deshalb nach der Ankunft möglichst schnell nach Hause, wo ihm Tante Jeske ihrerseits Vorwürfe macht. Er merkt, dass er rundherum in Beziehungskrisen steckt.

So wundert es nicht, dass Benjamin beim nächsten Besuch auf dem Gutshof an politischen Gesprächen nicht interessiert ist, sondern sich fragt, ob mit ihm etwas nicht stimmt. Uta bemerkt dies und spricht mit ihm. Dabei macht sie zwar deutlich, dass Renée in ihren Augen – ganz anders als Freya – kein „ordentliches deutsches Mädel" (S. 122) ist, will sich aber um den Zank mit Gunter kümmern. Außerdem vereinbaren sie und Reinhold mit Benjamins Pflegeeltern, dass Ben eine Zeit lang im Gutshaus wohnt; er will sich dabei klar werden, wo eigentlich sein Zuhause ist.

### 5. Kapitel: Wenn Spinnen in die Häuser kriechen, sie einen kalten Winter riechen (S. 125–172)

*Benjamin ist für einen Moment eingeschlafen und schreckt hoch. Er sieht sich als Mitwisser vom Tod bedroht und erkennt seinen Grundfehler: die völlig falsche Einschätzung der Gruppe auf dem Gutshof.*

Benjamin genießt sein Leben im Gutshaus, fühlt sich als Familienmitglied. Es wird wieder einmal deutlich, dass sein eigentliches Bedürfnis das nach Gemeinschaft, Beziehung und Eltern ist, auch wenn er Reinholds Machtposition sehr wohl durchschaut. Eine Mail von Wotan enthält wüste Drohungen und Angaben darüber, wie brutal Renée zusammengeschlagen wurde. Als Benjamin sofort mit ihr Kontakt aufnimmt, erfährt er nur, dass sie aussteigt und auch mit ihm nichts mehr zu tun haben will. Damit ist für ihn die Sache erledigt.

Bei einem Spaziergang mit Freya erfährt Benjamin ein Geheimnis über die Zwillinge: Deren Mutter ist nicht tot, sondern hat Hartmut und die Söhne verlassen, weil sie weder Reinhold weiter ertragen noch mit der NS-Szene etwas zu tun haben wollte. Freya versteht völlig, dass die Zwillinge ihre Mutter deshalb ablehnen, während den elternlosen Benjamin diese Information erschüttert. Da übernimmt Freya die Initiative und küsst ihn. Sie zwingt ihn auch, über Renée zu berichten, wobei sie ihm demonstrativ verzeiht. Benjamin freilich merkt, dass er sich einfach nicht in Freya verlieben kann.

Erneut gerät Benjamin in Schwierigkeiten. Ohne dass er davon wusste, haben die Zwillinge Mirko aus Rache den Kopf geschoren. Lehrer Brüggemann hat aber dafür gesorgt, dass Mirkos Eltern von einer Anzeige absehen. Benjamin müsse sich jedoch bei der Familie entschuldigen. Der Junge ist empört, weil er ja selbst nichts getan hat, willigt jedoch schließlich ein. Das Ereignis verändert erneut seine Sichtweise von den Zwillingen: Aus der vorherigen Skepsis werden Stolz, ihr Freund zu sein, und ein Gefühl von Sicherheit.

Der Besuch bei Mirko und seiner Familie wird für Benjamin zur seelischen Tortur. Obwohl sich der Vater sehr zurückhält und Mirko das Ganze sogar abwiegelt, indem er auf die Zwillinge als eigentliche Täter verweist, überhäuft die Mutter den Jungen mit Anschuldigungen, ist empört über die „Kultur des Wegsehens" (S. 137) und die „Verrohung" (S. 138), die ihr große Angst mache. Benjamin kommt gar nicht dazu, sich explizit zu entschuldigen. Mirko und er spielen schließlich sogar zusammen am Computer.

Freilich taucht gleich das nächste Problem auf. Benjamin lässt sich im Unterricht zu verharmlosenden Äußerungen über das Dritte Reich hinreißen, woraufhin sein Lehrer Koppelew explodiert und Benjamin zum Direktor bringt. Der begegnet dem Jungen mit Geduld, doch Benjamin wiederholt und erweitert seine neonazistischen Aussagen, weil er Koppelews Art, nur seine eigene Meinung gelten zu lassen, hasst. Schließlich reicht es auch dem Schulleiter und er kündigt ein Gespräch mit Benjamins Pflegeeltern an. Benjamin zieht wütend ab, wobei deutlich wird, dass sein Trotz letztlich ein pubertärer Abwehrreflex gegenüber der Erwachsenenwelt und nicht ideologisch motiviert ist.

Reinhold und Uta retten die Situation, indem sie Tante Jeske beruhigen, auch mit der doppeldeutigen Ankündigung, Benjamin „auf den rechten Weg" (S. 144) zu bringen. Und Brüggemann motiviert den Jungen, sich zu arrangieren, weil Koppelew im Prüfungsausschuss sitzt.

Das gibt Benjamin die Kraft, auf neuerliche Drohmails Wotans nicht kleinlaut, sondern selbstbewusst zu reagieren. Im Gespräch mit Reinhold bietet dieser ihm eine Umdeutung seiner konfliktreichen Situation an: Das Ganze erlaube ihm, Freunde und Feinde voneinander zu unterscheiden. Reinhold hebt außerdem Benjamins Einstellung hervor – den Zwillingen dagegen gehe es offenbar mehr um ihren Spaß als um die Idee. Der Kopf der Gutshausbewohner bezieht Benjamin im Laufe der nächsten Zeit immer stärker in die ideologische Arbeit ein, z. B. indem er ihn ein Flugblatt gegen ein polnisches Atomkraftwerk, das an der Grenze entstehen soll, verfassen lässt.

Nach zwei Wochen geht Benjamin wieder zu seinen Pflegeeltern zurück. Das ist ihm schon deshalb lieb, weil er so Distanz zu Freya bekommt, mit der Schluss zu machen er sich nicht traut.

Reinhold beginnt nun offensiver im Dorf sein Gedankengut zu verbreiten. Er lädt die Männer zu einer Versammlung ein, um eine Bürgerwehr gegen die „Verbrecherflut, die aus dem Ausland rüberschwappt“ (S. 153), zu organisieren; Anlass sind angebliche Autodiebstähle und Einbrüche. Den Hinweis Georgs, dass der letzte Vorfall wohl vom scheinbaren Opfer fingiert worden und darüber hinaus die Polizei zuständig sei, wischt er vom Tisch und nutzt die Unzufriedenheit der Bütenower mit dem Staat und ihre latente Fremdenfeindlichkeit aus, um sich durchzusetzen. Benjamin und die anderen erkennen die politische Dimension nicht, für sie stehen Spaß und Abwechslung im Vordergrund. Die erste nächtliche Patrouille bleibt zu ihrem Bedauern ergebnislos.

Tags darauf laden die Zwillinge Benjamin zu einem nächtlichen Zeltlager auf dem Militärgelände ein. Trotz der winterlichen Kälte stimmt er zu, weil er die beginnende Wiederannäherung an die Freunde nicht gefährden möchte. Andere Jugendliche aus der Szene stoßen dazu. Aus dem Unternehmen wird eine Wehrsportübung, bei der sich die Zwillinge einmal mehr als brutal und gewalttätig entpuppen – selbst gegenüber Gesinnungsgenossen. Benjamin ist hin- und hergerissen und betrinkt sich; im Rausch erzählt er den Zwillingen von Reinholds Zweifel an ihrer politischen Ernsthaftigkeit, was Gunter mit dem Vorwurf quittiert, Benjamin schmeichle sich bei Reinhold ein. Weil Benjamin nicht weiß, wie er mit dem neuen Beziehungskonflikt umgehen soll, beschließt er ihn einfach zu vergessen.

## Zum Aufbau der Unterrichtseinheit

Stundenskizzen und Verweise finden Sie in der Tabelle unten. Nähere methodische Hinweise, Lösungsvorschläge und weitere Unterrichtsideen stehen in den Ausführungen zu den Kopiervorlagen sowie in den Abschnitten auf Seite 37.

| Std. | Skizze | Verweis auf Kopiervorlagen (KVs) und Unterrichtsanregungen |
|---|---|---|
| 8 | • Einstieg: KV „Was meinst du?“, Aufgabe 1<br>• Bearbeitung und gemeinsame Besprechung der Aufgaben 2 und 3 zu sprachlichen Erkennungsmerkmalen und zur argumentativen Strategie der Neonazis | KV S. 38, KV-Hinweise S. 31 f. |
| 9 | • Sicherung des Inhalts der Kapitel 4 und 5<br>• Ergänzung der Charakteristiken auf der wachsenden Plakatwand<br>• Mirko-Episode und ihre Bedeutung<br>• Hinweis: Die innere Entwicklung Benjamins wird noch nicht hier, sondern bei der Besprechung des dritten Buchteils detailliert untersucht (vgl. KV „Wieso wird Ben kein Neonazi?“, S. 55) | Gesprächs- und Schreibanlässe S. 37 |
| 10 | • Einstieg: evtl. über die kruden Verdeutschungen englischer Ausdrücke durch die Neonazis<br>• KV „‚Volkskörper‘, ‚Schädlinge‘ & Co.“ | KV S. 39, KV-Hinweise S. 32 f. |
| 11 | • Einstieg: Wochenschau-Ausschnitt<br>• KVs „Mythos Autobahn 1/2“<br>• Diskussion um einen sinnvollen Umgang mit dem Thema Drittes Reich in der Schule, ausgehend von der Koppelew-Episode | KVs S. 40/41, KV-Hinweise S. 33 |
| 12 | • Einstieg: Schätzung der Kriminalitätsentwicklung<br>• KVs „Ausländerkriminalität 1/2“ | KVs S. 42/43, KV-Hinweise S. 33 f. |
| 13/14 | • Einstieg: evtl. Youtube-Video mit einem Neonazi, der normale Bürger mit seinen Gedanken konfrontiert; Sammlung von Ideen der Schüler, wie sie reagiert hätten<br>• KV „Gegen Neonazis argumentieren“ (Erarbeitung des Systems und Einübung im Rollenspiel)<br>• Hausaufgabe: Lektüre des restlichen Buches | KV S. 44, KV-Hinweise S. 34–36 |

## Unterrichtsschwerpunkte

- intensive Auseinandersetzung mit neonazistischen Argumenten zur Stärkung der Schüler gegen braunes Gedankengut
- Vermittlung von Möglichkeiten, Neonazis auf argumentativer Ebene zu begegnen
- richtiges Zitieren von Fremdtexten

## Zu den Kopiervorlagen

**Was meinst du?**

Der Fragebogen dient als Einstieg in die tiefere Auseinandersetzung mit rechtsextremistischen Argumentationsstrategien. Es handelt sich immer um Paare von Aussagen, von denen die eine relativ unverfänglich ist, die andere aber mit dem Gedankengut der Neonazis verknüpft wird. Fast alle Aussagen entstammen der Lektüre, nur die beiden über die Bewertung des Umstands, in Deutschland zu leben, wurden ergänzt.

Den Schülern wird sicher bei der Lektüre schon aufgefallen sein, dass Neonazis sich auch dadurch einschleichen, dass sie an politische Themen von allgemeinem Interesse andocken, bei denen kaum der Verdacht entsteht, sie seien typisch für Rechtsextreme. Diese Strategie dokumentieren übrigens auch Verfassungsschutzberichte.

Bei der Bearbeitung von Aufgabe 2 sollen die Schüler markante Formulierungen unterstreichen und gemeinsam analysieren. Sie können dabei auch auf Erkenntnisse aus der KV „Das Weltbild der Neonazis“ (vgl. S. 27 und S. 13–15) zurückgreifen.

Ausgehend von der letzten Frage nach der Strategie der Neonazis kann der Inhalt des zweiten Lektüreteils im Unterricht gesichert werden. Denn in diesem Abschnitt des Buches wird deutlich, wie die Neonazis Schritt für Schritt die Dorfbewohner und Benjamin auch geistig auf ihre Seite ziehen wollen.

**Lösung**

*Aufgabe 2:*

Die Aussagen der Neonazis erkennt man zunächst daran, dass typische Anschauungen eingebaut wurden:

- Nationalismus („drohender Volkstod“, Kritik an Importen „aus Asien oder irgendwelchen zweifelhaften Ländern“ und der dadurch angeblich ausgelösten Arbeitslosigkeit, Kritik nur an polnischen, nicht an deutschen Atomkraftwerken)
- Verschwörungstheorien („die Unternehmen“, die „uns einlullen“; Essen aus Fabriken, das vom Ausland „als Waffe gegen uns Deutsche“ verwendet werde; Medien, die angeblich kollektiv die Unterdrückung der Bürger anstreben); eine besondere Perversion besteht darin, dass ein von den Nazis geprägter Ausdruck („Gleichschaltung“) auf die jetzigen Medien und damit den deutschen Staat übertragen wird. Dies entspricht der Vorstellung, die Staatsorgane hätten sich gegen das Volk verschworen.
- Bezug zu einem biologistischen Denken (Essen aus Fabriken sei „artfremd“)
- Bei den Aussagen „Ich bin froh, dass ich in Deutschland lebe“ und „Ich bin stolz, ein Deutscher zu sein“ wird es einer differenzierten Diskussion bedürfen. Stolz kann man semantisch sinnvollerweise nur auf eine eigene Leistung sein; Deutscher zu sein ist aber keine Leistung, sondern im Regelfall Ergebnis des Umstands, Kind deutscher Staatsbürger zu sein. Andererseits ist es keinesfalls nationalistisch, froh zu sein, in Deutschland zu leben. Es kann viele rationale Gründe dafür geben: Sicherheit, Stand der medizinischen Versorgung, geringe Gefährdung durch klimatische Umstände usw.

Auch argumentativ weisen die Neonaziaussagen bestimmte Muster auf:

- Verallgemeinerungen und Pauschalisierungen („die“ Deutschen, „die“ Unternehmen) im Unterschied zu manchen nicht-neonazistischen Aussagen („einige Fernsehsender“); allerdings sind Pauschalisierungen ein generelles Merkmal gesellschaftskritischer Aussagen
- extrem haltlose, übertriebene Untergangsszenarien (vgl. „Volkstod“ durch die Kosten für die Schuldenkrise)
- Vereinnahmungsstrategie durch Formulierungen wie „die Deutschen“, „uns Deutsche“
- Außerdem werden sachliche Zusammenhänge verkürzt oder verfälscht wiedergegeben, damit es der eigenen Argumentation dient.
  - Die Produktion in asiatischen Billiglohnländern z. B. nutzt inzwischen sowohl der deutschen Wirtschaft als auch dem deutschen Verbraucher, und die Notleidenden sind weniger Deutsche als die Menschen in jenen Ländern, die unter katastrophalen Bedingungen und zu erbärmlichen Löhnen schuften. Ignoriert wird auch, dass die Potenz des Wirtschaftsstandorts Deutschland auf laufenden technischen Innovationen und der Produktion hochwertiger Güter beruht. Die von Neonazis implizit vertretene These, ohne die Produktion aus Billiglohnländern könnte die deutsche Wirtschaft besser dastehen und es gäbe weniger Arbeitslose, ist ökonomisch unhaltbar, denn das Lohn- und Lebensniveau wäre dann in Deutschland zweifellos niedriger. Deutschland zählt zu den reichsten Nationen der Welt. Das muss Schülern, die Wohl-

stand als etwas Selbstverständliches erleben, immer wieder ins Bewusstsein gerufen werden.

- Genauso sachlich fehlerhaft ist die verkürzte Sichtweise der Rolle Deutschlands bei der Bewältigung der europäischen Schuldenkrise. Bislang profitiert Deutschland davon – durch Niedrigzinsen für deutsche Staatsanleihen. Selbst wenn gewisse Bürgschaftsleistungen fällig wären, ist von einem „Tod" Deutschlands keineswegs auszugehen – viel eher ist anzunehmen, dass andere Staaten in Europa wirtschaftlich kollabieren.
- Zu den sachlich falschen Aussagen gehört auch die über die Herkunft industriell gefertigter Nahrung – Deutschland gehört zu den Staaten mit der größten Nahrungsmittelindustrie.

*Aufgabe 3:*
Die Neonazis versuchen, sich bei Bürgern ohne neonazistische Gesinnung einzuschleichen, indem sie deren politische oder gesellschaftliche Anliegen zu den ihren machen. Sobald sie Sympathien gewonnen und menschliche Beziehungen aufgebaut haben, beginnen sie allmählich mit ihrer Indoktrinationsarbeit (vgl. Reinholds Vorgehen im 4. und 5. Kapitel). Dass die Bürger in die Falle tappen, zeigt sich in Bütenow ja auch daran, dass die Dorfbewohner Reinholds Gruppe nicht primär als Nazis, sondern als engagierte Mitbürger sehen, deren neonazistische Gesinnung nebensächlich sei. Auch Brüggemann wird auf diese Weise zum Verbündeten, weil Reinhold und Uta an seinen ökologischen Interessen ansetzen.

KV Seite 39

**„Volkskörper", „Schädlinge" & Co.**
Diese Kopiervorlage vertieft das oben Erarbeitete durch eine umfassendere Betrachtung typischer Sprachmerkmale (Aussagen 1 bis 8 bzw. 9) und Argumentationsstrategien (Aussagen 9 bis 15) von Neonazis.

Da vielen Schülern solche Analysen erfahrungsgemäß schwerfallen, empfiehlt sich folgendes Vorgehen: Die relativ einfach zu charakterisierenden Aussagen 1 bis 8 können in Gruppenarbeit untersucht werden. Bei den folgenden Zitaten – insbesondere bei Nummer 9 bis 12 – empfiehlt es sich, sie unter Ihrer kleinschrittigen Anleitung im Plenum zu bearbeiten.

Aus inhaltlichen Erwägungen wurde ein Aspekt der NS-Sprache nicht aufgenommen: das Pathos. Moderne Neonazis bedienen sich dieses Mittels bewusst nicht, denn sie wollen ja in der Mitte des Volkes ankommen – und eine pathetische Ausdrucksweise wäre hierbei nur hinderlich. Ein Wotan mit seiner unzeitgemäßen Sprache symbolisiert im Roman in mehrfacher Hinsicht eine Außenseiterfigur.

Wenn Sie diesen Aspekt aufnehmen wollen, bieten sich folgende Beispiele an: „Hitler = unsere Sonne, die sie ermordeten und erlöschen ließen, die Lichtgestalt, der ewige Führer; reinigende Kraft des Feuers; der Gott, der Eisen wachsen ließ, wollte, dass wir uns dessen bedienen" (Analyse: pathetische Sprache mit religiöser Überhöhung → Selbsterhöhung auf göttliches Niveau, damit Anspruch der Unantastbarkeit, Wahrheit, Macht).

**Lösung**

1. Tiermetaphorik, v. a. Gleichsetzung mit gefährlichen oder widerlichen Tieren, die als Schädlinge gelten → Aufbau eines Bedrohungsszenarios, um Gewalt bis hin zur Vernichtung zu legitimieren
2. Verdinglichung von Menschen → Legitimation von Gewalt (v. a. falls gleichzeitig eine „Bedrohung" vorliegt, vgl. 1)
3. Fäkalsprache → Gleichsetzung von Menschen(gruppen) bzw. Lebensstilen mit Dreck, der beseitigt werden darf
4. Beleidigung, Herabsetzung
5. nationalsozialistische Begriffe → Rechtfertigung der eigenen Position durch Anknüpfung an eine positiv definierte Tradition
6. Begriffe aus einem rückwärtsgewandten militärischen Kontext, dabei Beschönigung von Tod und Kampf und Selbsterhöhung zum Helden
7. schlagwortartiger und gehäufter Gebrauch der emotional positiv besetzten Wortfamilien „deutsch" und „Volk" → Ausdruck der nationalistischen Orientierung; Selbstsuggestion (Mantracharakter) und Selbstvergewisserung
8. Eindeutschung geläufiger Fremdwörter (im Kontext einer scheinbar vernünftigen Abwehr des „Denglischen") → Ausdruck der nationalistischen Orientierung
9. Begriffsumdeutung I: eigentlich negative, aber machtvolle Begriffe werden zu positiven umgedeutet, sofern sie eigenes Handeln beschreiben
10. Begriffsumdeutung II: Auffüllen von Begriffen und Argumenten, die eigentlich die Neonazigegner kennzeichnen bzw. von hohem positivem Wert sind („Wahrheit"), mit rechtsextremistischem Inhalt, dadurch auch Beschönigung eigenen Handelns
11. biologistische Argumentation: Leugnen von Veränderung durch Fixierung auf genetische Determination, Leugnen von Individualität durch Reduzierung auf rassische Herkunft, Übertragung von angeblichen Naturgesetzen bzw. Gesetzen des Tierreichs auf den Menschen (naturalistischer Fehlschluss) → Betonung, dass eigene Ansichten Naturgesetze sind; Vereinfachung der komplexen Wirklichkeit durch Sozialdarwi-

nismus (viele der Formulierungen sind zugleich der Nazisprache entnommen, vgl. 5)

12. Leugnen von Tatsachen bzw. Definition der eigenen Sicht als Wahrheit (damit unangreifbar) → Selbsterhöhung, messianisch-göttlicher Anspruch
13. Täter-Opfer-Verdrehung → Selbststilisierung zum (heldenhaften) Opfer (Schwachpunkt dieser Argumentation: Wenn die Gegner tatsächlich so mächtig sind, müssten sie nach dem sozialdarwinistischen Prinzip recht haben.)
14. Pauschalisierungen / Generalisierungen (100-Prozent-Aussagen), die so nie stimmen können → Komplexitätsreduktion
15. eingängige, scheinbar richtige Sentenzen (vgl. 14) zur Legitimation krimineller oder verwerflicher Handlungen; Herkunft: Tierreich (vgl. 11) oder archaische Lebenswelt (passend zum neonazistischen Germanenkult und den Vorstellungen eines quasi-mittelalterlichen Lebens, vgl. Reinholds Utopie auf S. 82)
16. Antithetik → Widerspiegelung des für alle Ideologien typischen Schwarz-Weiß-Denkens; lässt sich auch an vielen anderen Beispielen nachweisen

KV Seite 40/41

### Mythos Autobahn

Der Bau der Autobahnen dient bis heute immer wieder als Beispiel für Hitlers angebliche Leistungen und damit als Mittel zur Verharmlosung seiner sonstigen Taten. Weil viele Schüler, selbst wenn sie sich schon im Geschichtsunterricht mit dem Dritten Reich beschäftigt haben, über eine erschreckend geringe Kenntnis der NS-Wirtschaftspolitik verfügen, stehen sie solchen Argumenten oft ohnmächtig gegenüber und können allenfalls emotional ablehnend reagieren. Absicht dieser wie auch der folgenden Kopiervorlagen zum Thema „Ausländerkriminalität" ist es, den Schülern zu neonazistischen Standardargumenten sachliches Wissen an die Hand zu geben. Denn ohne solches Wissen wird man im gesellschaftlichen Diskurs nicht überzeugen können.

Das Blatt enthält keine explizite Aufgabenstellung. Im Kern geht es darum, in einer angemessenen methodischen Form (Gruppenarbeit oder Referat) die wesentlichen Argumente des Autors zusammenfassen zu lassen. Der Text behandelt nicht nur den „Mythos Autobahn", sondern generell Hitlers angebliche Leistungen beim Abbau der Arbeitslosigkeit.

Als Einstieg bietet es sich an, einen Ausschnitt aus einer deutschen Wochenschau von 1933 zu zeigen, in dem Hitler pathetisch den Autobahnbau als Mittel zum Nutzen „des deutschen Arbeiters" proklamiert. Entsprechendes Bildmaterial findet man bei Youtube. Passen Sie aber auf, dass Sie nicht auf einen neonazistischen Videoanbieter stoßen.

Falls Sie weitere Propagandalügen der Neonazis behandeln wollen (z. B. in Form von Kurzreferaten), finden Sie sehr gutes Material auf der Homepage der Bundeszentrale für politische Bildung sowie in dem Buch von Markus Tiedemann, das auf der Kopiervorlage als Quelle angegeben wird (s. Abb.). Es ist eine der besten Sammlungen von Argumentationen gegen verharmlosende neonazistische Propaganda über das Dritte Reich.

Die argumentative Strategie („Selbst wenn es so wäre, dass …, entschuldigt dies kein anderes Verbrechen des NS-Regimes") aus dem letzten Abschnitt des Textes wird auf der KV „Gegen Neonazis argumentieren" (S. 44) aufgegriffen.

### „Ausländerkriminalität"

Während die letzte Kopiervorlage sich auf Neonaziargumente bezog, die der Verharmlosung des Dritten Reichs dienen, geht es hier um ein aktuelles Thema, das nicht nur von Neonazis im Zuge ihres rassistischen Ausländerhasses offensiv behandelt wird, sondern leider auch im alltäglichen Rassismus eine große Rolle spielt: die angeblich höhere Kriminalität von Ausländern im Vergleich zu Deutschen.

Dabei ist das Thema Kriminalität auch insofern didaktisch interessant, weil es ein genereller Zug heutigen gesellschaftlichen Denkens ist, die öffentliche Sicherheit als immer stärker gefährdet bzw. die Kriminalität als ständig steigend zu betrachten. Verantwortlich dafür sind primär die Medien (siehe unten).

Um es vorwegzunehmen: Weder lässt sich die These von der überdurchschnittlichen Ausländerkriminalität statistisch belegen, noch steigt die Kriminalität generell an – je nach Bereich, den man genauer betrachtet, ist sogar eher das Gegenteil der Fall.

In einer Studie der „Monatsschrift für Kriminologie und Strafrechtsreform" (Christian Pfeifer, Michael Windzio, Matthias Kleimann: Die Medien, das Böse und wir. MSchrKrim 2004, S. 417) ließ man 2004 eine repräsentative Gruppe von Deutschen schätzen, wie sich in den zehn Jahren davor die Kriminalitätsraten in verschiedenen Straftatbereichen entwickelt hatten. Die Ergebnisse wurden mit der tatsächlichen Entwicklung laut der Polizeilichen Kriminalitätsstatistik (PKS) verglichen. (Die kritischen Einwände gegenüber der PKS, die auf den

Kopiervorlagen geäußert werden, sind hier nicht relevant.) Die Studie ergab gravierende Fehleinschätzungen. Einige Beispiele:

| Straftatbestand | geschätzte Entwicklung | tatsächliche Entwicklung |
|---|---|---|
| Straftaten insgesamt | – 3 % | + 18 % |
| Betrug (ohne Schwarzfahren) | + 48 % | + 67 %[1] |
| Körperverletzungen | + 53 % | + 59 %[2] |
| Wohnungseinbruchsdiebstahl | + 39 % | – 46 % |
| Kfz-Diebstahl | + 47 % | – 71 %[3] |
| Handtaschenraub | + 20 % | – 24 % |
| vollendeter Mord | + 26 % | – 41 % |
| vollendeter Sexualmord | + 259 % (!) | – 38 % (!) |

[1] Erhöhung auf Neuentwicklungen des Internetbetrugs zurückzuführen
[2] Erhöhung auch darauf zurückzuführen, dass Körperverletzungen heute weitaus häufiger zur Anzeige kommen
[3] Resultat der höheren Sicherheitsvorkehrungen an Autos

Als Einstieg können Sie die Schüler für die Straftatbestände Schätzungen vornehmen lassen, die höchste und niedrigste Schätzung an der Tafel notieren und die Schüler dann mit den tatsächlichen Zahlen konfrontieren. Erfahrungsgemäß ergeben sich auch bei einer solchen Umfrage innerhalb der Klasse große Diskrepanzen zur Statistik.

Sie können darauf verweisen, dass die PKS-Entwicklung in den letzten zehn Jahren (also nach der Studie) konstant geblieben ist und dass speziell beim Tatbestand Sexualmord an Kindern seit dem Ende des 2. Weltkriegs keinerlei Steigerung vorliegt – im Schnitt sind es immer ca. zehn Fälle pro Jahr. Für die Zeit vorher (NS-Regime) gibt es keine Daten, allerdings zeigt die Statistik, dass auch im Dritten Reich trotz Todesstrafe und brutaler Haftbedingungen die Zahl der „normalen" Morde nicht zurückging (wobei die Zahl der Nazimorde in die Höhe schoss ...). Ergänzend können Sie noch eine Weltkarte zeigen (abrufbar mit dem Stichwort „Mordrate" bei Google Bilder), auf der man die Mordraten aller Staaten sieht; interessanterweise weisen die Länder ohne Todesstrafe niedrigere Raten auf.

Die Hintergründe für die Fehlurteile liegen wohl vor allem in der Entwicklung der Medien. Es geht dabei weniger um die Flut an Krimis (so viel Unterscheidungsvermögen zwischen Realität und Fiktion besitzen die meisten Bürger), sondern um Veränderungen bei Nachrichtensendungen. Christian Pfeiffer, ein bekannter Kriminologe, meint dazu: „Dass die ‚Bild'-Zeitung übertreibt, weiß ja jeder. Wenn die ‚Tagesthemen' aber plötzlich immer häufiger über Kriminalität berichten, dann glauben die Leute, da muss was dran sein. Die ‚Tagesthemen' sagen zwar nicht, der Sexualmord steigt. Aber sie berichten beim ersten Tatverdacht, aus der U-Haft, von der Anklageerhebung und vom Prozess. Kriminalität wird ausgelutscht und genutzt, die Zuschauer zu binden." (Zitiert nach: Katja Seefeldt: Das Böse ist immer und überall. *www.heise.de/tp/artikel/18/18724/1.html*, 8.1.2004.)

**Lösung**
Eine mögliche Lösung bietet die Grafik auf Seite 35 oben. Sie können sie auch zur Ergebniskontrolle auf Folie kopieren oder zur Zeitersparnis an die Schüler verteilen.

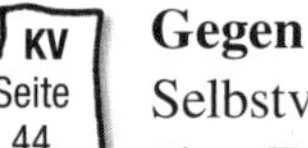


**Gegen Neonazis argumentieren**
Selbstverständlich ist es wünschenswert, gegenüber Extremisten Zivilcourage zu zeigen. Allerdings darf man Jugendliche auch nicht überfordern – und man muss ihnen Handwerkszeug vermitteln, mit dem sie sich argumentativ zur Wehr setzen können. Denn an Benjamin sieht man ja, wie der rhetorisch versierte Neonazi Reinhold den Jungen verunsichern und zumindest ansatzweise gewinnen kann. In dem Roman wird auch offenkundig, dass ein Unterricht, der nur darauf setzt, das Dritte Reich emotional zu verurteilen, bei einem Jungen in der Situation Benjamins keine antinazistische Haltung bewirken kann.

Die Arbeit mit diesem Blatt soll die Schüler konkret im Umgang mit braunem Gedankengut stärken, wobei die Ergebnisse bisheriger Unterrichtsstunden einfließen können. Die Schüler trainieren aktiv, sich nicht nur emotional, sondern auf demokratischem Wege und rational gegen Rechtsextremisten zur Wehr zu setzen.

Der obere Teil der Kopiervorlage ist ähnlich wie ein Flussdiagramm aufgebaut. Bei der ersten Verzweigung wird berücksichtigt, dass man Jugendlichen zugestehen muss, sich nicht zu trauen, gegen Neonazis zu argumentieren. Sie unter Druck zu setzen wäre kontraproduktiv. Die Aufforderung, ein Argument des Neonazis auf seinen Kern zu reduzieren, dient dazu, dem Jugendlichen die Sache zu erleichtern: Er wird nicht in der Lage sein, sich mit einem ganzen Argumentationskomplex auseinanderzusetzen. Danach folgen vier Möglichkeiten für das weitere Vorgehen, die auch kombinierbar sind. Die vierte wurde bereits im Zusammenhang mit den KVs „Mythos Autobahn" (S. 40/41) erwähnt. Sie ist zweifellos die sicherste Variante, denn eine detaillierte inhaltliche Widerlegung oder ein Nachweis von argumentativen Fehlern setzen viel inhaltliche bzw. sprachliche Kompetenz voraus.

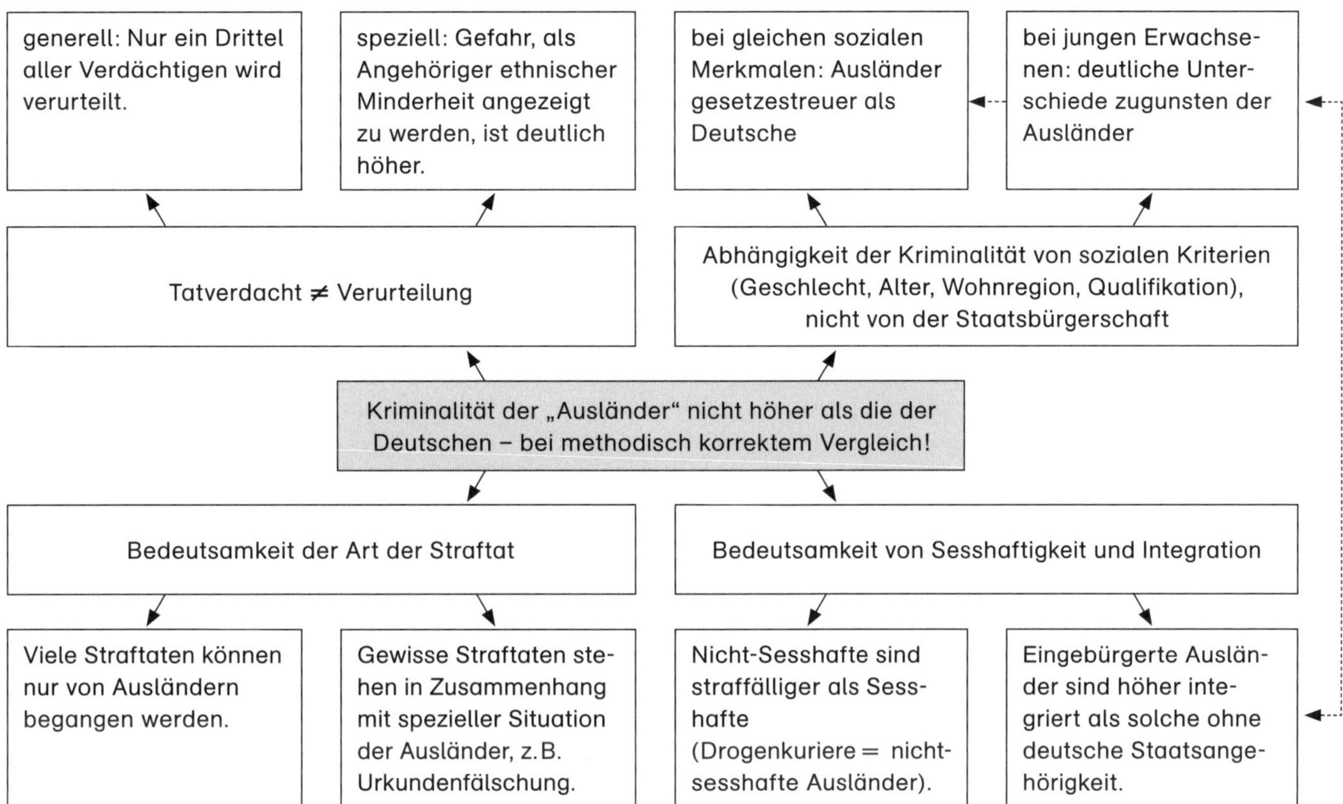


Nach einer Besprechung des Schaubilds sollten praktische Übungen im Mittelpunkt stehen, sonst hilft das Blatt den Schülern wenig. Methodisch können Sie so vorgehen: Zunächst sammeln die Schüler in Kleingruppen zu ein oder zwei Aussagen alles, was sie mithilfe der Argumentationsstrategien einwenden könnten. Die Ergebnisse werden im Plenum verglichen. Dann versucht ein Schüler, das Ganze in einem Rollenspiel flüssig vorzubringen. Die Rolle des „Neonazis" sollten dabei Sie selbst übernehmen. Zum einen hat man es nicht in der Hand, wenn ein Schüler aus pubertärer Lust die Rolle überzieht (man kann womöglich erst eingreifen, wenn es zu spät ist), zum anderen könnte der Schüler stigmatisiert werden, wenn er die Rolle sehr gut spielt. Zum Dritten wird die Situation authentischer: Als Lehrer ist man leichter in der Lage, die rhetorische Raffinesse eines Neonazis zu simulieren (bzw. durchscheinen zu lassen, um den Schüler nicht zu überfordern), außerdem fühlt man sich als Schüler gegenüber einem Lehrer unsicherer – das entspricht in etwa einer Situation, in der ein Jugendlicher einem Neonazi argumentativ begegnen will. Diese Gründe sollten Sie den Schülern offenlegen.

**Lösung**

Im Folgenden können nur einige Anregungen gegeben werden. Bei allen Beispielen lässt sich zusätzlich die Relativierungsmethode (Möglichkeit 4) anwenden.

1. Sachlich falsch/undifferenziert: Was ist mit den Gegnern der Nazis: den Mitgliedern der anderen Parteien, den Juden, den Schwulen usw.? Wurde Deutschland für sie auch „sicherer"? Argumentativ aus Eigeninteresse verkürzt: Wer machte denn vorher die Straßen unsicher? Primär die SA und andere Nazitrupps, nur sekundär die Kommunisten. Und sicher nicht die Juden, die Schwulen usw.
2. Hier bietet sich v. a. eine Diskussion der Konsequenzen an: Würde Deutschland mit diesem Vorschlag zum reinen Agrarland, gäbe es (fast) nur noch Landwirtschaft? Welche Folgen für den Lebensstandard, die Finanzierbarkeit von Bildung, Gesundheitswesen, Infrastruktur usw. hätte das? Das Modell impliziert auch eine auf Handarbeit fußende Landwirtschaft – damit aber lässt sich ein 80-Millionen-Einwohner-Land nicht ernähren. Ausgeblendet wird die historische Wirklichkeit des früheren Bauernlebens. Junge Leute werden alt – und dann? Die Unabhängigkeit Deutschlands wäre schließlich bestenfalls auf die Nahrungsversorgung beschränkt (allerdings unter Verzicht auf alle Lebensmittel, die nur anderswo wachsen!). Woher aber soll das Geld für andere Güter kommen, über die Deutschland nicht verfügt und die es importieren muss? Ohne diesen Import fiele der Lebensstandard auf mittelalterliches Niveau. Im Übrigen: Ist irgendein Land bei genauem Hinsehen unabhängiger als Deutschland mit seiner starken Wirt-

schaft? Faktisch sind eher andere europäische Staaten von Deutschland abhängig. Was sind außerdem die Konsequenzen, wenn Deutschland sich abschottet? Die Gefahr einer Wiederkehr nationalistisch motivierter Kriege wäre groß. – Die Implikationen des Begriffs „erbgesund" sind klar.

3. Argumentativer Fehler: Vom Einzelfall (Bütenow) wird auf Gesamtdeutschland geschlossen, Ignoranz gegenüber dem Reichtum des Landes und dem relativ hohen Lebensstandard der meisten Deutschen. Pauschalisierung: „Alles ist schäbig und billig." Verdrehung der Abhängigkeitsverhältnisse: Wenn wir Deutsche uns verkauft haben, warum erreichen wir dann ein so hohes Wohlstandsniveau? Ist es nicht eher so, dass wir mit unserem Reichtum vieles kaufen (und z. B. in Touristengebieten dafür sorgen, dass die ursprüngliche Kultur gefährdet ist)? Was genau ist schäbig und billig? Wer sagt, dass wir „nur konsumieren und die Schnauze halten" sollen? Hat nicht jeder die Freiheit, sich davon zu lösen?
4. Hier ist es besonders wichtig, die enthaltenen „Argumente" einzeln zu diskutieren. Zum Thema „Ausländerkriminalität" bieten die Kopiervorlagen der Seiten 42/43 wichtige Erkenntnisse. Informationen zur tatsächlichen Situation bei der Studienplatzvergabe und auf dem Arbeitsmarkt findet man auf der Homepage der Bundeszentrale für politische Bildung sowie in dem Buch „‚Ausländer nehmen uns die Arbeitsplätze weg!' Rechtsradikale Propaganda und wie man sie widerlegt" von Jonas Lanig und Marion Schweizer (Mülheim an der Ruhr: Verlag an der Ruhr 2005). Zu den Konsequenzen des letzten „Arguments": Was würde alles fehlen, wenn es keine Ausländer mehr bei uns gäbe? Das beträfe ja nicht nur die Gastronomie und die Bundesliga-Mannschaften (Punkte, die den Schülern vielleicht als Erstes einfallen), sondern viele notwendige Fachkräfte. Welche Konsequenzen hätte es, wenn die vielen Hilfskräfte durch Deutsche ersetzt werden müssten, für deren Lebensstandard? Welche Konsequenzen hätte es für die Situation von Deutschen im Ausland, wenn Deutschland alle Ausländer hinauswürfe? Welche Konsequenzen hätte es für die politischen Beziehungen zu anderen Staaten und für den Frieden in Europa?
5. Pauschalisierung („jeder"); argumentatives Eigentor: Dann denkt offenbar auch der Sprecher nur an sich. Sachlich fehlerhaft: vgl. hohe Zahl von ehrenamtlich Engagierten, familiäre Netzwerke usw. Begriffliche Unschärfe: Was heißt „jeder denkt nur an sich" konkret? Was ist und was will „die Volksgemeinschaft"? Haben 80 Millionen Deutsche tatsächlich identische Interessen? Welche sollen das sein? Wer bestimmt, was „die Volksgemeinschaft" will?
6. Pauschalisierung; Ignoranz gegenüber der ökonomischen Wirklichkeit: Deutschland ist eines der reichsten Länder der Welt. Auch wenn es politisch unkorrekt klingt: Die Armut bewegt sich hier im weltweiten Vergleich nicht auf hohem Niveau. (Was nicht bedeutet, dass man allen, die nach statistischen Kriterien in Deutschland als arm gelten, nicht helfen muss.) Woran soll man konkret merken, dass das Land „ausblutet"? Wer oder was soll die „internationale Finanzmafia" konkret sein? Wie viel Anteil haben deutsche Finanzinstitute an der Hochfinanz? Inwiefern profitiert Deutschland von der (schlechteren) Situation anderer Staaten (vgl. z. B. Niedrigzinssituation und ihre positiven Auswirkungen auf den Bundeshaushalt)?

KV Seite 45–47

### Richtig zitieren
### Übungen zum richtigen Zitieren

Korrektes Zitieren ist eine trockene Materie, aber die Beschäftigung damit ist notwendig, wenn die Schüler in einer Klassenarbeit eine Textstelle nicht nur zusammenfassen, sondern auch analysieren sollen, Aussagen also am Text belegen müssen. Natürlich können Sie das Arbeitsblatt in Kleingruppen- oder Partnerarbeit erarbeiten lassen, erfahrungsgemäß ist jedoch ein Lehrervortrag mit der Ermöglichung von Zwischenfragen effektiver.

Die Angaben auf dem Blatt verstehen sich als Vorschlag. Es gibt zum Teil abweichende Regeln; Einheitlichkeit herrscht diesbezüglich an Deutschlands Schulen leider nicht. Wichtig ist, dass die Schüler innerhalb einer Arbeit nicht voneinander abweichende Regeln anwenden.

Zur Lernzielsicherung dient das dritte Blatt, auf dem Zitierfehler entdeckt werden sollen. Stellen Sie sich darauf ein, dass viel übersehen wird und eine genaue Besprechung der Beispiele notwendig ist.

**Lösung**

Veränderte oder umgestellte Wörter sind unterstrichen, zu Streichendes ist durchgestrichen.

1. Tante Jeske beklagt den Egoismus anderer, ohne zu merken, dass sie selbst egoistisch argumentiert: „Denkt doch jeder nur noch an sich. Nee, ich will damit nichts zu tun haben." (S. 60) Oder: Tante Jeske beklagt den Egoismus anderer, ohne zu merken, dass sie selbst egoistisch argumentiert: „Denkt doch jeder [...] an sich. Nee, ich will damit nichts zu tun haben." (S. 60) Der Punkt nach der Seitenangabe ist überflüssig.
2. Als seine Tante eifersüchtig auf die Gutshofbewohner reagiert (vgl. S. 60), hilft Benjamin Reinholds Lektüre: „Ich nahm mir Jörn Uhl vor und fühlte mich wie der Romanheld, der genauso übel von seiner eigenen Familie behandelt wurde." (S. 61)

3. Veronika hielt ihn bisher für einen ~~Freak, der mit niemandem zurechtkommt: „Ich dachte immer, du wärst so eine Art~~ „Freak, der mit niemandem klarkommt“. (S. 62)
4. Glücklich über das Vertrauen Reinholds und Utas verdrängt er den „ekelhafte[n] Geschmack des Tees“ (S. 70); auch zu Freyas „furchtbare[m] Liedermacherkram“ (S. 54) sagt er die ganze Zeit über nichts (vgl. S. 53 f.), um ja das neu gewonnene Zusammengehörigkeitsgefühl nicht zu gefährden.
5. Benjamin gesteht Veronika: „[B]ei dir denke ich immer, du wirst mit neunzehn Mutter“ (S. 62).

## Gesprächs- und Schreibanlässe

**Die Mirko-Episode**

- Wieso gerät Benjamin in Schwierigkeiten? (Teufelskreis aus Solidarisierungs- und Racheaktionen der beiden Seiten; Schweigen Benjamins über Abläufe und Täter aus Solidarität gegenüber den Zwillingen)
- Wie ist ein solches Freundschaftsverhalten zu werten – sowohl bezogen auf die Skater als auch auf die Zwillinge?
- Welche Konsequenzen haben die Ereignisse auf Benjamins Einstellung zu den Neonazis? (Hin- und Hergerissensein zwischen Abscheu gegenüber den Zwillingen und Solidarisierung mit ihnen bzw. Stolz darauf, mit ihnen befreundet zu sein)
- Vergleiche das Agieren der Mutterfiguren, also von Mirkos Mutter und von Uta. (Gemeinsamkeit: überschäumende Solidarität mit dem eigenen Kind, wenngleich Uta der größere Vorwurf zu machen ist, denn sie kennt ja das Gewaltpotential der Zwillinge und ideologisiert die Auseinandersetzung; andererseits sieht auch Mirkos Mutter nur das Ende des Konflikts, forscht nicht nach den Eskalationsstufen dazwischen, z. B. Blases Aktion gegen Benjamin)
- Wie ist die Argumentation von Mirkos Mutter zu beurteilen? Inwiefern ähnelt sie dem Agieren des Lehrers Koppelew? (Der Autor lässt Mirkos Mutter bedeutsame und nachvollziehbare Argumente vorbringen, macht aber durch die erzählerische Gestaltung deutlich, dass dieser Weg im Umgang mit Jugendlichen wie Benjamin, die in den rechtsradikalen Dunstkreis geraten sind, genauso wenig hilfreich ist wie Koppelews Reaktion. Die Mutter macht letztlich nur ihrer eigenen Angst und Betroffenheit Luft, ohne wirklich zu versuchen, den Jungen zu verstehen und seine Motive zu ergründen. Er ist schließlich kein Erwachsener, der sich auf Augenhöhe mit der Mutter auseinandersetzen kann.)
- Wieso gelingt es Mirko und Benjamin weitaus besser und schneller, die Spannung zu überwinden, als Mirkos Mutter? (entwicklungspsychologisch begründete Abgrenzung von der Erwachsenenwelt; Mirkos Wissen darum, dass Benjamin nicht Täter, sondern allenfalls Mitläufer ist; kein weltanschaulicher Konflikt zwischen den beiden)

## Kreativ aktiv

**Workshop zum Umgang mit Neonazis**

Viele Schulen sind inzwischen an das Netz „Schule ohne Rassismus – Schule mit Courage“ (SOR) angeschlossen. Sie können dort engagierte Schüler als Referenten laden (oder über die SOR-Organisation nach Referenten recherchieren) und einen eintägigen Workshop zum Umgang mit Neonazis veranstalten. Ein Teil der in diesem Unterrichtsmaterial behandelten Aspekte lässt sich dabei einbauen und vertiefen. Die SOR-Internetseite (*www.schule-ohne-rassismus.org*) informiert über die Organisation und bietet umfassendes Material. Sollte Ihre Schule noch nicht Teil des staatlich anerkannten Netzwerks sein, kann die Lektürebesprechung diesbezügliche Impulse liefern.

## Recherche

**Themen für Kurzreferate**

Je nachdem, wie stark Sie den Themenbereich Neonazis ausbauen möchten und der zeitliche Rahmen dafür gegeben ist, können Sie durch Kurzreferate weitere Aspekte einbringen lassen. Behalten Sie aber gleichzeitig im Auge, dass dieses wichtige Thema nicht „totgeritten“ wird. Man findet sehr viel offizielles Material auf den Seiten der Verfassungsschutzämter und der Bundes- bzw. Landeszentralen für politische Bildung. Mögliche Themen:

- Neonazis im Internet und in sozialen Netzwerken (Schärfen Sie den Schülern aber ein, nicht nach Neonaziseiten zu fahnden bzw. diese aufzusuchen!)
- Organisationen und Organisationsformen der Neonazis
- Zeichen und Symbole der Neonaziszene
- neonazistische Musik
- Germanenkult und esoterische Bewegungen innerhalb der Neonaziszene
- Vorstellung und Widerlegung weiterer Mythen, Lügen und Propagandabehauptungen von Neonazis

# Was meinst du?

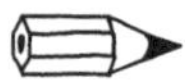 Welcher Aussage stimmst du zu? Kreuze an.

| | stimme zu | weiß nicht | lehne ab |
|---|---|---|---|
| Ich bin dagegen, dass Deutschland die Kosten der europäischen Schuldenkrise bezahlt. | | | |
| Ich bin dagegen, dass Deutschland die Kosten der europäischen Schuldenkrise bezahlt, denn ich bin gegen den drohenden Volkstod. | | | |
| Einige Fernsehsender legen uns herein, um ihre Quoten zu erhöhen. Sie erzählen uns, dass wir nicht mehr arbeiten müssen. Ein hübsches Gesicht und schon ist man Model, ein bisschen den Ton halten und schon kann man Sänger werden. Das ist doch verrückt. | | | |
| Die meisten Deutschen sind verweichlicht. Das liegt daran, dass die Unternehmen uns einlullen mit ihren Versprechen. Die erzählen uns, dass wir nicht mehr arbeiten müssen. Ein hübsches Gesicht und schon ist man Model, ein bisschen den Ton halten und schon kann man Sänger werden. Das ist doch verrückt. | | | |
| Heutzutage wird alles gleich weggeschmissen und neu gekauft. Hauptsache, es ist billig. | | | |
| Heutzutage wird alles gleich weggeschmissen und neu gekauft. Hauptsache, es ist billig. Aber dass das alles aus Asien oder irgendwelchen zweifelhaften Ländern kommt, dass deutsche Arbeiter deswegen arbeitslos werden, interessiert die Leute nicht. | | | |
| Atomkraft ist und bleibt tödlich. | | | |
| Atomkraft ist und bleibt tödlich. Stoppt den polnischen Atomtod! | | | |
| Man sollte keine Sachen essen, die aus Fabriken kommen und im Labor entstehen. Das ist doch alles unnatürlich. | | | |
| Man sollte keine Sachen essen, die aus Fabriken kommen und im Labor entstehen. Das ist doch alles unnatürlich und artfremd. Und es kommt aus dem Ausland. Die benutzen das als Waffe gegen uns Deutsche. | | | |
| Ich bin froh, dass ich in Deutschland lebe. | | | |
| Ich bin stolz, ein Deutscher zu sein. | | | |
| Die Medien schreiben alle nur voneinander ab und am Ende weiß niemand mehr, was wahr ist. | | | |
| Die Medien schreiben alle nur voneinander ab und am Ende weiß niemand mehr, was wahr ist. Man darf nicht auf die gleichgeschalteten Medien, auf die Systempresse hereinfallen. | | | |

 Woran erkennt man, welche Aussagen von Neonazis stammen?

 Welche Strategie verfolgen die Neonazis damit?

# „Volkskörper“, „Schädlinge“ & Co.

Arbeite zusammen mit einem Partner für jede Sprechblase das Grundmerkmal der Sprache bzw. Argumentation heraus.

(1) Linke = diese Ratten und Zecken, du linke Sau; Stadtplaner = diese ganze Brut; Skater = Scheißzecken; Demokröten; Ausländer = Schädlinge, Horde; Pole = Rassenschwein

(2) Verbrecherflut, die aus dem Ausland rüberschwappt
Wie soll man mit diesem Material den Krieg gewinnen?

(3) ausländische Scheiße, Multikulti-scheiße, Scheißdemokraten, Scheißsystem

(4) Pole = Polack, Polen = Polackenland; (völkische) Emanze; Ausländer = Kanaken

(5) Endkampf, Rassenschwein, Ausländer = Schädlinge, Volksfeinde, Volkskörper, Walhalla, Volksgemeinschaft, erbgesund, artfremd, Fremdarbeiter

(6) Ehre, Heldentod, Computerspiel Stahlgewitter, Blutfaust
Wir müssen auf den Endkampf vorbereitet sein.

(7) deutsche Härte, deutsche Produktion, der deutsche Mann, deutsches Mädel, Deutschtum, Volk, Volksgemeinschaft, völkisch

(8) Nachrichten im Netz flaggen, Rollbrettfahrer, weltweites Netz, Zwischennetz, Elektropost, Kontrollturm (Tower)

(9) weißer Terror, Terror in Kanakenland, Braune-Armee-Fraktion

(10) autonome Nationalisten, inhaftierte Neonazis = Aktivisten; Neonazipresse = unabhängige Presse
Wo sich der Staat zurückzieht, [...] da wird Widerstand zur Pflicht.
Die meisten Menschen [...] können die Wahrheit nicht vertragen.

(11) erbgesunde Menschen; Linke = minderrassig; artfremd
Der deutsche Volkskörper blutet aus.
Die natürliche Auslese beginnt bald.
Warum tun Tiere sich denn zu Rudeln zusammen? Weil sie dann stärker sind.
Der Mensch ist nur ein intelligentes Tier.

(12) der sogenannte Holocaust; Tagebuch der Anne Frank = Lügenbuch

(13) gleichgeschaltete Medien, Systempresse, System, Polizisten = Staatsbüttel
Mahnmal für die ermordeten Juden = Mahnmal der Schande
Sie gebrauchen Gewalt gegen Andersdenkende.
Die Gutmenschen haben die Meinungsdiktatur übernommen.

(14) Politiker = Volksfeinde, wahre Verbrecher
Die EU will uns Deutsche abhängig machen.
Die Russen haben nur Wodka und Klauen im Kopf und fühlen sich im Dreck am wohlsten.
Die meisten Deutschen sind verweichlicht.

(15) Ein einziges schwarzes Schaf kann die ganze Herde zerstören. Die jungen Hunde brauchen ihren Auslauf.
Die größte Tugend eines Jägers ist die Geduld.

(16) Sieg oder Walhalla!
Bist du für uns oder gegen uns?

# Mythos Autobahn (1)

**„Kaum war ein Problem aus der Welt, tauchte auch schon das nächste auf. [...] Dabei hatte ich mich nur im Geschichtsunterricht gemeldet und gesagt, dass die Autobahnen doch keine schlechte Sache gewesen seien, die die Nationalsozialisten im Dritten Reich hatten bauen lassen.“ (S. 139)**

Ein gängiges, nichtsdestotrotz falsches Argument der rechtsextremen Seite ist: Hitler habe eine hervorragende Wirtschaftspolitik betrieben, was sich am Verschwinden der Arbeitslosigkeit und am Bau der Autobahnen gezeigt habe.

Die Autobahnen sind keine Erfindungen Adolf Hitlers. Die Bezeichnung „Straßen des Führers“ ist lediglich eine Wendung der Goebbelschen Propaganda. In nahezu allen Industrieländern wurden in den Zwanzigerjahren umfangreiche Straßenbaupläne erarbeitet, teils auch realisiert. Als Vorbilder galten die Mailänder „Autostrada“ (gebaut 1922/23) und die amerikanischen „Highways“. Auch in der Weimarer Republik gab es beachtliche Pläne: Der „Verein zur Vorbereitung der Autostraße Hansestädte–Frankfurt–Basel“ legte bereits 1927 einen umfassenden Entwurf für ein Autobahnnetz in Deutschland vor. Nur die Rezession verhinderte die schnellere Realisierung der meisten Pläne. Auch die Verwendung des Autobahnbaus als Arbeitsbeschaffungsmaßnahme – angeblich Hitlers Leistung – ist schon 1932 bei der Verbindung Köln–Bonn praktiziert worden. Allerdings sind die von Hitler eingesetzten 130 000 vorher Arbeitslosen weder gemessen an der Arbeitslosenzahl von 1933 (4,8 Mio.) noch an der von 1936 (knapp 1,8 Mio.) überzubewerten. Neu am nationalsozialistischen Autobahnbau war vor allem die Tatsache, dass die Arbeitsbeschaffungsmaßnahmen zum großen Teil über die „Reichsanstalt für Arbeitsvermittlung und Arbeitslosenversicherung“, also mit Arbeitnehmergeldern finanziert wurde. Das heißt, die am Autobahnbau Beschäftigten bezahlten mit ihren Versicherungsgeldern ihre Arbeitsplätze selbst.

Was Hitlers Wirtschaftspolitik betrifft: Es ist unbestritten, dass die Arbeitslosigkeit in den ersten Jahren des Nationalsozialismus' drastisch sank. 1932 war der Höchststand von 6–7 Mio. Arbeitslosen erreicht, der allerdings 1933 schon auf 4,8 Mio. sank – unter Historikern gilt dieser Rückgang eindeutig als Erfolg der Regierungen vor Hitler. 1937 waren es noch etwa 1 Mio. Arbeitslose. In vielen Branchen existierte bereits seit 1935 ein Facharbeitermangel.

Es gab also in der Tat einen Abbau der Arbeitslosigkeit, der aber, schaut man hinter die Kulissen, bei Weitem nicht so dramatisch war, wie uns die heutigen Neonazis vormachen wollen, denn der Hitlerstaat beherrschte alle Taschenspielertricks:

- So wurden die Frauen „freiwillig“ aus der Produktion gedrängt, und zwar mittels eines Ehestandsdarlehens, das durch die Geburt eines Kindes abbezahlt werden konnte – es ging ja auch um die Geburt von Soldaten für den Führer ...
- Löhne wurden gekürzt, die Arbeitszeit massiv erhöht: Die Realbruttolöhne lagen 1937 unter dem Stand von 1928, dem Tiefpunkt der Wirtschaftskrise. Auch so haben Arbeitnehmer selbst für die Arbeitsplätze bezahlt. Weil Gewerkschaften wie Betriebsräte verboten waren, konnte niemand dagegen protestieren.
- 1934 mussten alle Industriearbeiter, die weniger als drei Jahre zuvor aus der Landwirtschaft gekommen waren, wieder dorthin zurückkehren.
- Die Arbeitslosenstatistik wurde kräftig manipuliert: zum einen mittels der Arbeitsbeschaffungsmaßnahmen, die aber keine echten neuen Arbeitsplätze in der Wirtschaft schaffen und ökonomisch immer nur als Notbehelf und Übergang gelten, zum anderen durch die Einführung des Arbeitsdienstes für junge Männer.
- 1935 beseitigte die Rekrutierung von Freiwilligen für die Reichswehr 300 000 Männer vom Arbeitsmarkt.
- Die Einführung der Wehrpflicht mit zweijähriger Dienstzeit 1935 bewirkte künstlich sogar „Vollbeschäftigung“.

Fazit: Das Absinken der Arbeitslosenzahl basiert auf keinem echten Wirtschaftsaufschwung, sondern vor allem auf Tricks. Zugleich

# Mythos Autobahn (2)

ging es der Masse der Menschen wegen der massiv erhöhten Arbeitszeit und der gesenkten Löhne gar nicht so gut. Darüber berichtete die Propaganda natürlich nicht, und weil das NS-Unterdrückungsnetz schon schwer auf Deutschland lastete, gab es auch keine Proteste.

Außerdem verschweigen die Neonazis, dass die Finanzierung dieses „Aufschwungs" völlig unsolide war.

- Der Griff in die Arbeitslosenversicherungskassen wurde schon erwähnt. Wäre die Arbeitslosigkeit nach einem Zusammenbruch der Scheinwirtschaft gestiegen (nur der Krieg verhinderte es), hätte das Geld nie für die Arbeitslosen gereicht.
- Wirtschaftswachstum verzeichnete vor allem die Rüstungsindustrie: Der Anteil von Rüstungsausgaben am Staatshaushalt stieg von 1932/33 bis 1938/39 von 7,5 % auf 60 % an! Die Produktion von Konsumgütern hingegen – der eigentliche Indikator für eine gesunde Wirtschaftsentwicklung – war 1936 immer noch auf einem Stand von vor 1914.
- Große Teile der Finanzierung wurden durch „Mefo-Wechsel" getragen, ein Instrument der verdeckten „Finanzierung" von Rüstungsausgaben. Die Mefo (Metallurgische Forschungsgesellschaft), eine unterkapitalisierte Scheinfirma, stellte fünfjährige Schuldscheine aus, die – obschon wertlos – von jeder Bank akzeptiert wurden. Die Banken investierten die bei ihnen angesammelten Ersparnisse des Volkes in diese Schuldscheine, das Vermögen der Bürger wurde also in die Rüstungs- und Bauwirtschaft geschleust.
- Dazu kamen noch Milliardenbeträge aus wertlosen Reichsanleihen – wertlos, weil keine echten Wertgegenstände (Gold oder Steueraufkommen) sie deckten. Wird eine Staatsanleihe in die Aufrüstung gesteckt, ist das Geld im Falle eines Krieges außerdem sofort weg.
- Offiziell wurde verkündet bzw. auf Regierungsseite geglaubt, dass man mit den Steuereinnahmen einer gesundeten Volkswirtschaft die enormen Schulden aus Mefo-Wechseln und Anleihen nach 1938 tilgen kann, aber weil keine wirklich effektive Wirtschaftspolitik betrieben wurde, sondern alles auf Kriege ausgerichtet war, konnte dieser Plan von vornherein nicht aufgehen.

Das heißt: Nicht nur wegen der von den Nazis geschürten Aggression, sondern auch aufgrund ihrer Wirtschaftspolitik entstand fast schon ein ökonomischer Zwang zum Krieg – der Staatsbankrott war nämlich absehbar. Der aufgeblähte Rüstungsetat und all die Schulden sollten sich dann durch Eroberungen refinanzieren. Die rücksichtslose Ausbeutung der besetzten Länder (wie auch die gnadenlose Enteignung der jüdischen Bevölkerung – bis hin zur staatlichen Verwertung des Zahngoldes der in den KZ umgebrachten Menschen) war Konsequenz dieser Wirtschaftspolitik.

Schließlich ist festzustellen: Selbst wenn die Behauptung von Hitlers wirtschaftspolitischen Leistungen richtig wäre, was wäre damit bewiesen? Auf keinen Fall wäre dies eine Entlastung für die während der NS-Herrschaft begangenen Verbrechen. Ist ein Mörder weniger schuldig, wenn er zugleich ein hervorragender Architekt gewesen ist? Ist ein Verbrecher kein Verbrecher mehr, nur weil er in einem anderen Betätigungsfeld Arbeitsplätze schafft? Obwohl die Antwort auf diese Fragen selbstverständlich erscheint, erfreut sich der Ausspruch „Aber Hitler hat doch auch Gutes getan!" unerwarteter Langlebigkeit – eine Tatsache, die wahrscheinlich auf zwei Faktoren zurückzuführen ist: Der erste besteht in der angesprochenen mangelnden Differenzierung zwischen den Fähigkeiten eines Menschen und dem moralischen Wert seiner Handlungen insgesamt. Das zweite Element offenbart eine beängstigende Tendenz: Auch heute scheinen viele Menschen ein Verbrechen bewusst oder unbewusst zu relativieren, sofern dieses einen direkten oder indirekten Profit verspricht.

*Zitiert nach: Markus Tiedemann: „In Auschwitz wurde niemand vergast." 60 rechtsradikale Lügen und wie man sie widerlegt. Mülheim an der Ruhr (Verlag der Ruhr) 1996, S. 32 ff.*

# „Ausländerkriminalität" (1)

**Amtliche Daten zur „Ausländerkriminalität" können nicht mit der tatsächlichen Kriminalitätsentwicklung gleichgesetzt werden. Bei der Interpretation von Daten zur Straffälligkeit von Deutschen und Nichtdeutschen müssen zahlreiche Aspekte beachtet und differenziert werden.**

Die Polizeiliche Kriminalstatistik (PKS) wird nicht nur von WissenschaftlerInnen, sondern auch von Politikern herangezogen. Der Entstehungsprozess amtlicher Statistiken wird dabei nicht hinterfragt, solange das Ergebnis der eigenen Argumentation dient. Im Fall der amtlichen Statistik zur „Ausländerkriminalität" ist die wissenschaftliche Kritik inzwischen so umfangreich, dass sogar das Bundeskriminalamt darauf hinweist: „Diese Daten dürfen nicht mit der tatsächlichen Kriminalitätsentwicklung gleichgesetzt werden. Sie lassen auch keine vergleichende Bewertung der Kriminalitätsbelastung von Deutschen und Nichtdeutschen zu." Im Folgenden werden die wesentlichen Punkte dargestellt, die man bei einem verantwortungsvollen Umgang mit der PKS – und hier insbesondere den erfassten Daten zu „Nichtdeutschen" – beachten sollte.

Dass sich ein Staat bei der Erfassung von personenbezogenen Daten für die Staatsangehörigkeit interessiert, ist nicht ungewöhnlich. Damit wird allerdings eine Trennlinie gezogen. Ausländer sind Menschen, die sich in Deutschland aufhalten und nach verbreiteter Ansicht trotzdem nicht richtig zu „uns" gehören. Die Auswahl von Vergleichskategorien ist daher eine Aussage darüber, welche personenbezogenen Merkmale als relevant eingestuft werden. Niemand würde die Frage stellen, ob Dünne mehr Straftaten begehen als Dicke – obwohl hier womöglich ebenfalls Unterschiede feststellbar sind.

Ausländer werden in der PKS ausschließlich wegen ihrer nichtdeutschen Staatsangehörigkeit als „Nichtdeutsche" erfasst. Dabei ist es unerheblich, seit wann oder warum sich jemand in Deutschland aufhält. Daher fasst diese Kategorie die ausländische Wohnbevölkerung mit Personen zusammen, die sich nur zeitweise in Deutschland aufhalten, z. B. Urlaubern und Geschäftsreisenden, aber auch Personen, deren Einreise kriminellen Zwecken dient, etwa dem internationalen Menschen- oder Drogenhandel.

Bei der Bewertung der Daten werden meist „Äpfel mit Birnen verglichen". Aussagen wie „22 % der Straftaten werden von Ausländern begangen, obwohl sie nur 9 % der Bevölkerung ausmachen" entbehren der Seriosität. Die Tatsache, dass prozentual mehr durchreisende Ausländer auffällig werden als Sesshafte, verzerrt eine solche Aussage zu Lasten der nichtdeutschen Wohnbevölkerung.

Die Daten zur Kriminalität von Nichtdeutschen werden häufig mit Aussagen zur Bevölkerung mit Migrationshintergrund gleichgesetzt und damit zum Zuwanderungsproblem stilisiert. 54 % der in Deutschland lebenden Einwanderer und ihrer Nachkommen sind deutsche Staatsangehörige, unter anderem durch Einbürgerung, (Spät-)Aussiedlerstatus und Geburt in Deutschland, sie werden somit bei Kriminalitätsverdacht in der Kategorie „Deutsch" erfasst. Ausländische Staatsangehörige sind im Hinblick auf ihre soziale Struktur kein repräsentativer Ausschnitt der zugewanderten Bevölkerung, da die Gruppe der Deutschen mit Migrationshintergrund tendenziell einen höheren Integrationsgrad aufweist. Allein anhand der Daten zur Kriminalität von Nichtdeutschen lassen sich also auch keine Aussagen zur Kriminalität von ethnischen Minderheiten ableiten. Wenn dies dennoch geschieht, wird die Wohnbevölkerung mit Zuwanderungsgeschichte, ohne dass dies nachweisbar ist, kriminalisiert.

Für die PKS insgesamt gilt, dass sie nicht Täter, sondern Tatverdächtige zählt. Die Erfassung gibt lediglich den Stand der polizeilichen Ermittlungen wieder, während Staatsanwaltschaft und Gerichte zu anderen Bewertungen kommen können. Man muss also nicht kriminell sein, um als Krimineller erfasst zu werden. Der Kriminologe Geißler beziffert den Anteil der gerichtlich Verurteilten unter den erfassten Tatverdächtigen auf lediglich ein Drittel und schlägt deshalb vor, von einer Polizeilichen Tatverdachtsstatistik zu sprechen. Wenn Deutsche und Ausländer die gleiche Wahrscheinlichkeit hätten, unter Tatverdacht zu geraten, könnte man den Effekt vernachlässigen. Es existieren allerdings verschiedene Hinweise, dass dies nicht der Fall ist. Das Anzeigeverhalten der Bevölkerung ist ethnischen Merkma-

# „Ausländerkriminalität" (2)

len gegenüber nicht blind, da bestimmte ethnische Minderheiten nachweislich eher mit einer Anzeige rechnen müssen als die deutsche Mehrheitsgesellschaft.

Ausländische Staatsangehörige sind Deutschen in vieler Hinsicht rechtlich nicht gleichgestellt und können daher potenziell mehr und anders geartetes Unrecht begehen. Das betrifft zum Beispiel Verstöße gegen das Aufenthaltsgesetz, das Asylverfahrensgesetz und das Freizügigkeitsgesetz der EU. An der Gesamtheit der erfassten nichtdeutschen Tatverdächtigen machen sie einen Anteil von 13,6 % aus.

Darüber hinaus können weitere Deliktgruppen genannt werden, in denen nichtdeutsche Tatverdächtige überdurchschnittlich repräsentiert sind, z. B. Urkundenfälschung (34,5 %) und spezifische Rauschgiftdelikte wie die illegale Einfuhr von Betäubungsmitteln (44,4 %). In den Straftatengruppen „Sachbeschädigung" (11,9 %) und „Widerstand gegen die Staatsgewalt" (15,8 %) sind Nichtdeutsche hingegen unterdurchschnittlich vertreten. Betrachtet man außerdem alle erfassten Rauschgiftdelikte und nicht nur die illegale Einfuhr, fallen keine Unterschiede zwischen deutschen und nichtdeutschen Tatverdächtigen auf.

Vergleiche zwischen Ausländern und Deutschen anhand der PKS blenden soziale Merkmale aus, die für die Strafanfälligkeit mit ausschlaggebend und zudem in beiden Gruppen sehr ungleich verteilt sind. Dazu zählen Geschlecht (mehr Männer unter den Straffälligen), Alter (mehr Junge), Region (mehr Großstadtbewohner) sowie Qualifikation (mehr Ungelernte). Statistische Unterschiede in der PKS sind somit auch auf die ungleiche Sozialstruktur zurückzuführen. Geißler betrachtete die Kriminalität ausländischer Arbeitsmigranten isoliert und kam zu dem Ergebnis, dass es zwischen der Strafauffälligkeit dieser Gruppe und der deutschen Bevölkerung keine Unterschiede gebe. Berücksichtigt man die unterschiedliche soziale Struktur der beiden Vergleichsgruppen, kehrt sich das vermeintliche Ergebnis in das Gegenteil um: In gleichen sozialen Lagen sind ausländische Arbeitsmigranten gesetzestreuer als Deutsche. Geißler schlussfolgert, dass nicht der Zusammenhang von Migration und Kriminalität zu untersuchen sei, sondern die Frage, warum Migration zu mehr Gesetzestreue führe.

Auf den Jugend-Effekt soll hier noch eingegangen werden. Ein Viertel der Tatverdächtigen sind Jugendliche bzw. Heranwachsende unter 21 Jahren. Unter den nichtdeutschen Tatverdächtigen liegt der Anteil dieser Altersgruppe jedoch mit 20,7 % niedriger als bei den Deutschen mit 26,3 %. Betrachtet man nur die „Gewaltdelikte", liegt der Anteil der unter 21-Jährigen an allen deutschen Gewaltverdächtigen mit 41,5 % sogar deutlich über dem Jugendanteil an den nichtdeutschen Gewaltverdächtigten (36 %).

*Gekürzt nach: Ilka Sommer: „Ausländerkriminalität" – statistische Daten und soziale Wirklichkeit. Dossier der Bundezentrale für politische Bildung. 14.6.2012. Verfügbar unter:* www.bpb.de/politik/innenpolitik/inneresicherheit/76639/auslaenderkriminalitaet?p=0 *(Zugriff am 15.9.2013).*

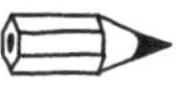

Fasse in Form einer Mindmap die Gründe zusammen, warum die häufig zu hörende Aussage falsch ist, dass Ausländer krimineller als Deutsche seien.

# Gegen Neonazis argumentieren

Ein Neonazi bringt eines seiner „Argumente“.

→ Reduziere das Argument auf den Kern: „Du meinst also: …“

→ Du fühlst dich unsicher oder hast Angst – das ist o.k. Dreh dich um und geh. Beschimpfe ihn nicht!

| Möglichkeit 1: auf argumentative Fehler verweisen | Möglichkeit 2: inhaltlich widerlegen | Möglichkeit 3: Konsequenzen diskutieren | Möglichkeit 4: relativieren |
|---|---|---|---|
| z. B. unzulässige Verallgemeinerung, fehlende Belege und Begründungen, fehlende Berücksichtigung von Gegenargumenten/Gegenbeispielen, Widersprüche, Ungenauigkeiten | Das stimmt nicht, denn …<br><br>(Problem: Du musst sachlich Bescheid wissen. Wenn nicht, lieber einen anderen Weg wählen!) | Das würde bedeuten, dass …<br><br>(Am besten Beispiele bringen, die nicht im Interesse Deutschlands sind – dein Gegenüber denkt ja vor allem daran – oder die gegen Grundwerte verstoßen.) | Selbst wenn es so wäre, rechtfertigt das dann …? |

Wenn er dich nicht ausreden lassen will: Bitte ihn darum, zu Ende reden zu dürfen. Wenn er nicht bereit dazu ist – dann geh! Es hat keinen Sinn mehr, mit ihm zu sprechen.

 Wende dieses Schema auf die folgenden Beispiele an.

1. Durch die Machtübernahme der Nazis ist Deutschland sicher geworden. Jede Frau konnte wieder ohne Angst auf die Straße gehen.
2. Es wäre schön, wenn junge, erbgesunde Menschen in Scharen auf dem Land arbeiten würden. Dann wäre Deutschland unabhängig.
3. Dieses Land geht den Bach runter. Allein schon euer Dorf. Wir Deutsche haben uns verkauft. Alles ist schäbig und billig. Und wir sollen nur konsumieren und die Schnauze halten.
4. Überall machen sich die Ausländer breit, nehmen Arbeitsplätze und Studienplätze weg und sind kriminell. Ohne Ausländer ginge es uns allen besser.
5. In Deutschland denkt jeder nur an sich statt an die Volksgemeinschaft.
6. Deutschland blutet aus und steckt im Griff der internationalen Finanzmafia.

# Richtig zitieren (1)

## Zitatformen

| | |
|---|---|
| • **direktes Zitat:** wörtliche Übernahme einer Textstelle **in Anführungszeichen**; Seitenangabe **folgt** in Klammern | Benjamin will sich hier, wie so oft, „keine Blöße geben" (S. 20). |
| • **indirektes Zitat:** sinngemäße, eigenständig formulierte Wiedergabe einer Textstelle **ohne Anführungszeichen**; Seitenangabe **folgt** in Klammern, aber mit einem „vgl." (= „vergleiche") eingeleitet | Benjamin will hier, wie so oft, keine Schwäche zeigen (vgl. S. 20). |

## Grundregeln für Zitate

| | |
|---|---|
| Der **Sinn** einer zitierten Stelle darf **niemals verändert oder verfälscht** werden. | Original: „Die ist zwar keine Ärztin, aber sie kennt sich mit Heilkunde aus." (S. 33)<br><br>Falsch: Freya sagt über ihre Mutter: „Die [...] kennt sich mit Heilkunde aus." (S. 33), bezeichnet sie also als Ärztin. |
| Bei **direkten Zitaten** gibst du den **Text der Vorlage buchstaben- und zeichengenau** wieder, auch wenn die Stelle einen sprachlichen Fehler enthält. Du schützt dich, indem du hinter die Problemstelle in eckigen Klammern das Wörtchen „sic" (= lat. „so") oder ein Ausrufezeichen setzt. | Angenommen, im Buch stünde: Ich machte mir nicht so viel aus Musik, wie andere in meinem Alter.<br><br>Benjamin „machte sich nicht so viel aus Musik, [sic] wie andere" (S. 54). – Benjamin „machte sich nicht so viel aus Musik, [!] wie andere" (S. 54). |
| Zitate müssen **in sich verständlich und sinnvoll** sein. Das musst du vor allem bei Kürzungen beachten. | Falsch: Benjamin ist wenig an Musik interessiert, erst recht nicht an Freyas Liedern: „Ich machte mir [...] Liederkram." (S. 54) |
| **Setze direkte Zitate sparsam ein!** Oft genügt der Verweis auf eine Stelle. Sinnvoll ist ein Zitat zur Veranschaulichung besonders markanter Textmerkmale, sinnlos, wenn es letztlich dieselben Worte enthält wie dein Interpretationstext. | Sinnvoll: Freya gebraucht NS-Ausdrücke. So bezeichnet sie industriell gefertigte Nahrung als „artfremd" (S. 33).<br><br>Sinnlos: Benjamin fühlt sich auf dem Gutshof wohl: „Ich fühlte mich wohl zwischen diesen Menschen." (S. 24) |
| Beziehst du dich **auf mehrere Seiten**, kannst du dies **in reiner Zahlenform** oder nach der ersten Seitenzahl **mit einem „f."** (= „und die folgende Seite") bzw. **mit einem „ff."** (= „und die folgenden Seiten") angeben. | Benjamin wundert sich über die unterschiedlichen Gruppen auf der Demo (vgl. S. 110–111) oder (vgl. S. 110f.).<br><br>Der Gewaltausbruch auf der Demonstration erschüttert ihn (vgl. S. 113–116) oder (vgl. S. 113ff.). |

## Verknüpfung von Zitaten mit deinen Ausführungen

| | |
|---|---|
| Es gibt **verschiedene Möglichkeiten**:<br>• Einbau des Zitats in den Fließtext<br>• Zitat nach einem ankündigenden Doppelpunkt<br>• Zitat in Klammern, aber nur bei kurzen Zitaten; dabei steht vor der Seitenangabe ein Komma, um eine Häufung von Klammern zu vermeiden<br>**Wechsle ab und verbinde Zitate immer sprachlich oder über die Zeichensetzung mit deinem Text.** | Reinhold bezeichnet Benjamin als „begabte[n] Junge[n]" (S. 26), um mit solchem Lob dessen Sympathie zu gewinnen.<br><br>Reinhold gewinnt Benjamins Sympathie vor allem durch Lob: „Du bist ein begabter Junge." (S. 26)<br><br>Indem Reinhold Benjamin lobt („Du bist ein begabter Junge.", S. 26), gewinnt er Benjamins Sympathie.<br><br>Falsch: „Du bist ein begabter Junge." (S. 26) Reinhold lobt Benjamin häufig, um dessen Sympathie zu gewinnen. |

# Richtig zitieren (2)

## Veränderungen, Ergänzungen, Hervorhebungen

| | |
|---|---|
| Direkte Zitate dürfen **keine Veränderung** enthalten. Wenn sie nötig ist, musst du sie kennzeichnen.<br>• **Auslassungen** markierst du so: [...] Auslassungen vor oder nach der zitierten Stelle brauchst du nicht zu kennzeichnen.<br>• Bei **orthographischen** oder **grammatikalischen Änderungen**, die durch eine Anpassung des Zitats an deinen Text nötig werden, setzt du den veränderten Buchstaben oder ein Wort, das verändert oder verschoben werden muss, in eckige Klammern. | <u>Original:</u> Ich machte mir nicht so viel aus Musik wie andere in meinem Alter, aber wenn, dann hörte ich Rap und nicht so einen furchtbaren Liedermacherkram. (S. 54)<br><br>Benjamin beschreibt sein Verhältnis zur Musik so: „Ich machte mir nicht so viel aus Musik [...], aber wenn, dann hörte ich Rap" (S. 54).<br><br>Benjamin hat wenig Interesse an Musik. „[A]ber wenn, dann hörte ich Rap" (S. 54).<br><br>Benjamin betont, dass er sich „nicht so viel aus Musik [machte] wie andere in [seinem] Alter" (S. 54). |
| **Vermeide Häufungen von Veränderungen!** Falls die Anpassung eines Zitats an den eigenen Text zu gravierende Veränderungen nach sich zieht, solltest du den eigenen Text verändern oder indirekt zitieren. | <u>Schlecht:</u> Benjamin betont, dass „[er] [sich] nicht so viel aus Musik [macht] wie andere in [seinem] Alter" (S. 54).<br><br><u>Besser:</u> Benjamin betont: „Ich machte mir nicht so viel aus Musik wie andere in meinem Alter" (S. 54). |
| Möchtest du im Zitat z. B. durch Unterstreichung etwas **hervorheben**, kennzeichnest du deinen Eingriff am Ende des Zitats nach der Quellenangabe mit der Formulierung „Hervorhebung durch A.G.", wobei „A.G." hier beispielhaft für die Initialen des Verfassers steht. | Den neonazistischen und nicht ökologischen Hintergrund von Freyas Kritik an industriell produzierter Nahrung erkennt man an der Verwendung typischer NS-Ausdrücke: „Das ist doch alles unnatürlich und <u>artfremd</u>." (S. 33; Hervorhebung durch A.G.) |
| **Hervorhebungen im Originaltext** übernimmst du ohne weiteren Kommentar. Du kannst bei handschriftlichen Arbeiten eine kursiv gedruckte Hervorhebung durch eine Unterstreichung ersetzen. | <u>Original:</u> Aus der Schule kannte ich eine Menge Leute, die *Counterstrike* und Ähnliches am Computer spielten. (S. 58)<br><br>Benjamin hatte viele Mitschüler, „die <u>Counterstrike</u> und Ähnliches am Computer spielten" (S. 58). |
| Manchmal ist eine **Erläuterung** nötig, um z. B. einen Bezug zu klären. Sie steht in eckigen Klammern; auf die Ergänzung folgen nach einem Strichpunkt deine Initialen. | Benjamins mangelndes Selbstbewusstsein wird auch hier deutlich: „In ihrer [= der Zwillinge; A.G.] Gegenwart fühlte ich mich immer wie ein zahnloser Stubentiger" (S. 34 f.). |

## Weitere formale Regeln für Zitate

| | |
|---|---|
| Wenn du einen Teil **indirekt wiedergibst**, aber **direkte Zitate** einbaust, musst du nicht hinter jedem direkten Zitat die Seite angeben, aber wörtliche Übernahmen in Anführungszeichen setzen. Bei längeren indirekten Wiedergaben steht jedoch nach jedem direkten Zitat eine Seitenangabe. | Reinhold betont Benjamins Intelligenz und seine „gute[n] Ansätze", was für Benjamin ungewohnt ist (vgl. S. 26).<br><br>Um die Dorfgemeinschaft zu stärken, besucht Freya zusammen mit Benjamin Frau Narjes (vgl. S. 30–33), die „nur noch aus Haut und Knochen [bestand]" (S. 30). |
| Besteht das Zitat aus einem **ganzen Satz** mit einem Punkt am Ende, folgt auf die Seitenangabe **kein weiterer Punkt**. | Georg ist misstrauisch: „Wer hierherkommt, der hat was im Sinn." (S. 35) |
| Wenn du Stellen zitierst, die aus **direkter Rede und Erzähltext** bestehen, werden **doppelte** Anführungszeichen in der Vorlage zu **einfachen** im Zitat. | Die Eifersucht der Tante äußert sich in Vorwürfen: „‚Das ist jetzt wohl deine neue Familie', sagte Tante Jeske. ‚[...] Kommst ja sowieso nur noch zum Schlafen.'" (S. 60) |

# Übungen zum richtigen Zitieren

Die folgenden Ausschnitte aus Schülerarbeiten enthalten Zitierfehler. Schreibe die Zitate verbessert auf die Zeilen darunter. Natürlich musst du dazu im Buch nachschlagen.

1. Tante Jeske beklagt den Egoismus anderer, ohne zu merken, dass sie selbst egoistisch argumentiert: „Denkt doch jeder an sich. Ne, ich will nichts damit zu tun haben.“ (S. 60).

2. Als seine Tante eifersüchtig auf die Gutshofbewohner reagiert, hilft Benjamin Reinholds Lektüre. S. 60: „Ich nahm mir Jörn Uhl vor und fühlte mich wie der Romanheld, der genauso übel von seiner eigenen Familie behandelt wurde.“

3. Veronika hält ihn für einen Freak, der mit niemandem zurechtkommt: „Ich dachte immer, du wärst so eine Art Freak, der mit niemandem klarkommt.“ (S. 62)

4. Glücklich über das Vertrauen Reinholds und Utas verdrängt er „den ekelhaften Geschmack“ (S. 70); auch zu Freyas „furchtbarem Liederkram“ sagt er die ganze Zeit über nichts (S. 53–54), um ja das neu gewonnene Zusammengehörigkeitsgefühl nicht zu gefährden.

5. Benjamin gesteht Veronika, „bei [ihr] denke [er] immer, [sie werde] mit neunzehn Mutter“ (S. 62).

# 6. bis 8. Kapitel: Katastrophe und Rettung

## Inhalt

**6. Kapitel:**
**Zu Hause hast du hundert Augen, draußen bist du blind (S. 173–220)**

*Ben erinnert sich an den ermordeten Georg und wie er selbst vor den Mördern floh. Obwohl sie sagten, sie würden ihm nichts tun, weiß er, dass sie auch ihn getötet hätten.* Die Männer vom Gutshof, einige Dorfbewohner und Benjamin fahren erneut Patrouille. Als sie einen polnischen Pkw mit zwei Studenten entdecken, halten sie ihn an. Reinhold unterstellt den jungen Männern verbrecherische Motive. Obwohl ein Dorfbewohner vorschlägt, die Polizei zu rufen, setzt Reinhold sein diskriminierendes Verhör unbeirrt fort. Unter dem Vorwand, die anderen schützen zu wollen, schickt Reinhold sie weg und will die Studenten angeblich mit Benjamin, Hartmut und den Zwillingen zur Polizei bringen. Stattdessen werden die inzwischen von Panik ergriffenen Polen gefesselt und zu einer Waldlichtung gefahren. Reinhold kündigt Benjamin einen Einblick ins „richtige Leben“ (S. 181) an. Der Junge ist hin- und hergerissen: Einerseits glaubt er, in einem Albtraum gefangen zu sein, andererseits fühlt er sich als Teil einer Gemeinschaft, die Gutes tut. Er erwartet, dass die jungen Männer nun verprügelt werden, aber plötzlich hat Konrad eine Pistole in der Hand und hält sie einem der beiden Studenten an den Kopf. Konrad drückt ab, aber kein Knall ertönt. Wenig später rennen die beiden Polen in Todesangst davon. Während Reinhold alles lächelnd genießt und die anderen miteinander plaudern, als sei nichts gewesen, ist Benjamin schockiert.

Tags darauf macht sich auch bei Onkel Rolf Angst breit, allerdings vor einer Anzeige. Benjamin ist wütend, weil sein Onkel ihn allein gelassen hat, noch mehr aber auf die Gutshofbewohner und ganz Bütenow. Er weiß nicht mehr, wer er ist und wofür er steht. So beschließt er, Georgs früheres Angebot anzunehmen, gemeinsam zu einer Ausstellungseröffnung nach Stettin zu fahren, und sieht darin „eine Art von Wiedergutmachung“ (S. 186) gegenüber den beiden Polen. Die Neonazis reagieren verwundert und geben Ben antipolnische Vorurteile mit auf den Weg.

Georg überrumpelt Benjamin auf der Fahrt damit, dass er dessen neue Freunde offen als Nazis bezeichnet. Nur zaghaft verteidigt der Junge sie und reagiert erleichtert, als sie das Thema wechseln. In Stettin angekommen ist er überrascht, weil es dort kaum anders als in Deutschland aussieht und die Menschen freundlich sind. Benjamin merkt, dass er in etwas geraten ist, das ihm entgleitet, kann sich aber auch nicht vorstellen, wie Georg ihm helfen könnte. Der ist so klug, sich nicht aufzudrängen. Als Benjamin im Hotelzimmer duscht und Georg versehentlich hereinplatzt, ist beiden die Situation peinlich. Sie ahnen aber nicht, welche Konsequenzen der Vorfall noch haben wird.

Bei der Eröffnung der Ausstellung mit Georgs Bildern trinkt Benjamin zu viel und flirtet mit einem attraktiven polnischen Mädchen, Aglaia. Plötzlich bricht Benjamins Leid aus ihm heraus und er beichtet Aglaia den Vorfall mit den Polen. Zu seiner Überraschung fordert sie ihn zwar auf, zur Polizei zu gehen, reagiert aber ansonsten recht verständnisvoll. Offenbar spürt sie, dass er kein überzeugter Neonazi ist. Schließlich halten sie sogar Händchen. Benjamin wacht am Morgen danach mit einem Kater auf, nicht wissend, wie er ins Hotelzimmer gekommen ist. Dass Georg ihn offenbar ausgezogen hat, bevor er ihn ins Bett verfrachtete (für Benjamin eine unproblematische Sache), ist ein weiterer Punkt, der Georg später zum Verhängnis wird.

Georg gibt Benjamin vor der Rückfahrt eine Nachricht Aglaias; dass sie Kontakt halten will, macht den Jungen glücklich. Noch auf der Rückfahrt wird ihm aber sein innerer Konflikt verschärft bewusst. Bei der Ankunft in Bütenow entdecken sie ein Schild mit Entfernungsangaben zu für Neonazis wichtigen Städten. Georg zerstört es und macht Ben für das Treiben der Gutshofbewohner mitverantwortlich. Als der Junge Tante Jeske auf das Schild anspricht, verharmlost sie das Ganze als „Spleen“ (S. 197), der weniger schlimm sei, als wenn Ausländer kämen.

Benjamin vermeidet Besuche im Gutshof, hält stattdessen mit Aglaia über Facebook Kontakt. Doch Reinhold fängt ihn eines Tages ab. Während er halsbrecherisch durch die Gegend fährt, um den Jungen einzuschüchtern, rechtfertigt er die Aktion gegen die Polen, will wissen, ob Benjamin jemandem davon erzählt habe, und droht ihm, dass er bei einer Anzeige genauso in der Sache drinhänge.

Wenig später wird bekannt, dass die Gutshofbewohner eine „Wintersonnenwendfeier“ veranstalten wollen, zu der das ganze Dorf eingeladen ist. Die Bütenower machen begeistert mit, als wollten sie zeigen, so Benjamins Eindruck, „was für eine vorbildliche Gemeinschaft“ (S. 202) sie doch sind. Er aber bleibt auf Distanz.

Am Tag der Feier kommen zahlreiche Neonazis in den Ort. Bei einem Auftritt des Neonazi-Liedermachers Morgenthau singt auch Freya ein Lied. Benjamin ist froh, dass niemand merkt, dass sie es für ihn geschrieben hat. Als er sie und Morgenthau erwischt, missversteht er bewusst den Umstand, dass der Sänger ihr einen Kuss aufdrängen will, und beendet erleichtert die Beziehung, was Freya mit kalter Wut und dem Vorwurf politischer Unzuverlässigkeit quittiert.

Nach Sonnenuntergang findet unter Reinholds Regie eine kultische Feier statt, bei der neonazistisches Gedankengut offen zur Schau gestellt wird. Die Bütenower reagieren unschlüssig und flüchten sich ins Feiern. Benjamin beschließt heimzugehen, doch auf einmal taucht Wotan auf, schlägt ihn nieder und bedroht ihn mit einem Feuerzeug. Die Zwillinge retten Ben und vertreiben Wotan. Ben versucht die Sache mit Alkohol zu vergessen und fühlt sich wieder als Freund der beiden. Diese freilich sorgen für einen Skandal, indem sie eine Verbrennung „artfremder" Bücher im Stil des Dritten Reichs inszenieren. Die Bütenower sind zwar entsetzt, aber nur einer schreitet ein und wird daraufhin von Skins malträtiert. Da taucht Reinhold auf und stoppt das Ganze, was die Zwillinge erschüttert, denn ihm zuliebe haben sie die Aktion veranstaltet. Das Fest endet abrupt und die Bütenower räumen schweigend auf.

**7. Kapitel:**
**Zwingt der kalte dunkle Winter die Menschen zu lange in die warme Stube, bekommen sie Mordgedanken (S. 221–248)**

*Benjamin entdeckt in der Ferne ein Licht und hofft dort Hilfe zu finden, denn er fürchtet zu erfrieren.*

Die Jahreswende vergeht ereignislos, die Gutshofbewohner sind weggefahren. Eines Tages ziehen die Zwillinge von Haus zu Haus, um sich für ihr Verhalten bei der Feier zu entschuldigen. Benjamins Beziehung zu ihnen bleibt distanziert; er hält lieber weiter Kontakt mit Aglaia.

Als Georg in der Lokalzeitung tagelang Kommentare platziert, in denen er von den Neonazis und ihrer Strategie berichtet und die Bütenower als „Feiglinge und Ignoranten" (S. 228) herabsetzt, provoziert das eine Solidarisierungsaktion des Dorfes mit dem Gutshof, zumal Journalisten im Ort einfallen und Bütenow im Fernsehen als „Nazidorf" tituliert wird. Reinhold und Uta versuchen von Benjamin Informationen zu erhalten, die gegen Georg verwendbar sind. Obwohl er ihnen nicht helfen will, entlocken sie ihm schließlich zwei harmlose Vorfälle auf der Polenfahrt und bauschen sie zu einem pädophilen Verhalten Georgs auf. Das Gerücht verbreitet sich in Windeseile, verstärkt durch einen Leserbrief Brüggemanns in der Zeitung. Benjamin ist verwirrt und beginnt, an seiner eigenen Wahrnehmung zu zweifeln. Die Situation eskaliert: Unter Utas und Reinholds Führung stellen sich Bütenower als „Mahnwache" vor Georgs Haus und skandieren, von Reinhold angestachelt: „Tod den Kinderschändern!" (S. 237) Reporter filmen die täglichen Demonstrationen, Neonazis aus anderen Orten tauchen auf.

Erst Aglaia macht Ben seine Verantwortung klar. Endlich erzählt er seinen Pflegeeltern entschlossen die Wahrheit. Auch von der Scheinhinrichtung der beiden Polen berichtet er. Und obwohl Uta und Reinhold ihn massiv unter Druck setzen, nimmt er Georg vor der Staatsanwaltschaft in Schutz. Das Verfahren gegen den Künstler wird eingestellt. Benjamin bricht alle Kontakte zum Gutshof ab, schiebt einen Besuch bei Georg jedoch lange vor sich her. Als er schließlich zu ihm geht, ist die Stimmung angespannt, aber Georg freut sich. Plötzlich tauchen die bewaffneten Zwillinge auf. Konrad dreht durch und erschlägt Georg mit dem Gewehrkolben. Ben nutzt einen unbeobachteten Moment und flieht durch das Fenster.

**8. Kapitel:**
**Je kleiner das Dorf, desto bissiger die Hunde (S. 249–256)**

*Hinter dem Licht, auf das Benjamin zugelaufen ist, warten seine Verfolger und schlagen ihn nieder.*

Benjamin kommt gefesselt im Dach des Gutshofs zu sich. Offenbar will Hartmut verhindern, dass Ben getötet wird, doch Reinhold lässt keine Diskussion zu. Später taucht Freya auf, beschimpft Ben und berichtet vom Plan der Gutshofbewohner: Es solle aussehen, als ob Ben Georg umgebracht und sich dann selbst im Wald erhängt habe. Der Junge, wieder allein, ist völlig verzweifelt, bis Hartmut ihm heimlich zur Flucht verhilft, verbunden mit dem Auftrag, die Polizei zu rufen, um den Wahnsinn zu beenden. Ben gelingt es zu entkommen. Die Verhaftung der Neonazis sieht er nicht mit an, Veronika berichtet ihm davon. Konrad, Uta und Freya hätten wie wild getobt, die anderen sich widerstandslos festnehmen lassen.

Die Geschehnisse verändern einiges: Bens Familie wächst enger zusammen, ebenso die Bütenower, die sich sogar aktiv gegen Rechtsextreme engagieren. Benjamin weiß, dass er neu anfangen kann.

## Unterrichtsschwerpunkte

- Bens innere Entwicklung
- Aglaias Reaktion auf Benjamin
- Ethik der Menschenrechte
- Überwindung von Neonazismus und Rassismus

## Zum Aufbau der Unterrichtseinheit

Stundenskizzen und Verweise finden Sie in der Tabelle oben auf der folgenden Seite. Nähere methodische Hinweise, Lösungsvorschläge und zusätzliche Unterrichtsideen stehen in den Ausführungen zu den Kopiervorlagen sowie in den Abschnitten „Kreativ aktiv" und „Recherche" (S. 54).

| Std. | Skizze | Verweis auf Kopiervorlagen (KVs) und Unterrichtsanregungen |
|---|---|---|
| 15/16 | • Einstieg: Präsentation neonazistisch angehauchter Aussagen Benjamins – ist er damit ein Neonazi?<br>• Sicherung des Inhalts des dritten Buchabschnitts<br>• KV „Wieso wird Ben kein Neonazi?"<br>• KV „Aglaia"<br>• Hausaufgabe: KV „Ein halbes Jahr später" | <br><br><br>KV S. 55, KV-Hinweise S. 50f.<br>KV S. 56, KV-Hinweise S. 51<br>KV S. 57, KV-Hinweise S. 51 |
| 17/18 | • Besprechung der Hausaufgabe, dabei auch Wiederholung der vorherigen Doppelstunde<br>• Einstieg: Collage mit Bildern von Menschen, deren Würde verletzt ist, z. B. auf OHP-Folie<br>• KV „Menschenrechte – mehr als Paragrafen!" | <br><br><br><br>KV S. 58, KV-Hinweise S. 52 |
| 19 | • Einstieg: alltägliche Stereotype<br>• KV „Rassismus überwinden" | KV S. 59, KV-Hinweise S. 52–54 |
| 20 | • KV „Stark gegen rechts!" | KV S. 60, KV-Hinweise S. 54 |

## Zu den Kopiervorlagen

### Wieso wird Ben kein Neonazi?

Der Fokus liegt auf Bens innerer Entwicklung. Da der Junge in erzählerischer Hinsicht als Identifikationsobjekt dienen soll, empfiehlt es sich, zwei Stunden anzusetzen, am besten als Doppelstunde. Dabei lässt sich auch die folgende KV „Aglaia" einbauen, weil sie für Ben eine zentrale Rolle spielt. Die KV „Ein halbes Jahr später" (S. 57) kann als Hausaufgabe bearbeitet werden.

Zum Einstieg können Sie Stellen vorlesen, an denen Benjamin sich neonazistisch äußert oder an neonazistischen Aktivitäten beteiligt, verbunden mit der Frage, ob der Junge deshalb als Neonazi einzustufen ist. Egal, wie die Schüler dies beurteilen, der nächste Schritt ist die Suche nach Begründungen. Um sie vorzubereiten, sollten Sie zunächst den Inhalt des dritten Buchteils im Unterrichtsgespräch sichern und dann die eigentlichen Motive Bens für seine Nähe zu den Gutshofbewohnern herausarbeiten lassen. Damit knüpfen Sie an die Analyse seiner Persönlichkeit im ersten Buchteil an. Die Frage, ob allein diese Motive ihn vor einem geistigen Wandel zum Neonazi schützen (das würden sie wohl nicht, vgl. unten), leitet über zur Aufgabe auf dem Arbeitsblatt.

Sicher scheint Ben sich manchmal wie ein Neonazi zu verhalten und tiefer in den braunen Dunstkreis zu geraten:

- Er genießt die Gespräche mit Reinhold (vgl. S. 84).
- Er solidarisiert sich mit den Gutshofleuten gegen Georg (vgl. S. 85f.) oder seinen kritischen Mitschüler Timon (vgl. S. 88) bzw. mit den Zwillingen, als Blase ihn vor der Schule schlägt (vgl. S. 94f.).
- Er provoziert im Unterricht (vgl. S. 139ff.).
- Er nimmt an der Demonstration in Berlin teil, fühlt sich dort „als Teil von etwas Größerem" (S. 111), betont naiv die Friedlichkeit der rechten Demonstranten und bezweifelt die der Antifa-Leute (vgl. S. 113).

Aber solche Stellen bleiben singulär, schnell folgen Aussagen (vgl. KV), die Bens eigentliche Motive, bei seinen „Freunde[n]" (S. 77) mitzumachen, verdeutlichen:

- der Erlebniswert der Aktivitäten, z.B. der Fahrt nach Berlin (vgl. S. 79), der Besuche des Militärgeländes (vgl. S. 57f.) oder der Bürgerwehr (vgl. S. 156),
- Reinhold als positives Erwachsenenmodell, der ihn ernst nimmt und nicht als Kind behandelt (vgl. S. 84) und den er daher nicht enttäuschen will (vgl. S. 96),
- der immer wieder von Reinhold und Uta auf ihn ausgeübte Beziehungsdruck (vgl. z. B. S. 80ff.), aber auch das selbstwertsteigernde Lob Reinholds (vgl. S. 148, 150) und die tatkräftige, wenn auch nicht uneigennützige Hilfe bei Bens Konflikten mit Tante Jeske (vgl. S. 122ff.),
- das Gefühl, endlich eine Familie zu finden, sogar einen Ersatzvater (vgl. S. 125ff.) – hier wird Bens anhaltende Traumatisierung durch den frühen Tod seiner Eltern deutlich (vgl. auch S. 129f.),
- generell der Aspekt der Gemeinschaft (vgl. S. 121),
- pubertärer Größenwahn („heldenhaft"), der aber nur die Kehrseite der ohnmächtigen Aggressionen eines unterlegenen Außenseiters darstellt („gegen die Scheißrollbrettfahrer", S. 95), der schutzbedürftig ist (vgl. S. 134),
- pubertärer Trotz und Widerstand gegen Erwachsene, die ihn nicht ernst nehmen und sich widersprechen (vgl. S. 142).

Diese Motive würden freilich nicht ausreichen, um Benjamin vor einer ideologischen Infektion zu bewahren, im Gegenteil, sie könnten ihr sogar den Boden bereiten.

**Lösung**

Der eigentliche Schutz resultiert aus folgenden Merkmalen Benjamins (unterstrichene Seitenzahlen beziehen sich auf Zitate vom Arbeitsblatt, normal gedruckte auf weitere Belege):

- Immer wieder betont er seine politische Desinformiertheit und sein politisches Desinteresse (vgl. S. 79, 82, 88, 101 f., 111, 116, 155). Zu einer tiefen Reflexion ist er nicht bereit, bleibt häufig vage oder registriert neonazistische Äußerungen nur, ohne sie zu teilen. Allenfalls plappert er nach, was andere sagen, sei es Reinhold (vgl. die Bezeichnung der Einbrecher als „Schädlinge", da Reinhold sie so genannt habe; S. 156) oder Tante Jeske und die Dorfbewohner (vgl. S. 85). Es entbehrt nicht einer tragischen Ironie, dass ausgerechnet dieser unpolitische Mensch in die Fänge einer neonazistischen Gruppe gerät, die ihr wahres Gesicht aber auch erst nach und nach offenbart.
- Benjamins Weltanschauung ruht auf einer soliden Wertebasis: Weder sieht er Hitler wirklich positiv, noch ist er Antisemit (vgl. S. 95). Seine Skepsis gegenüber Ausländern ist nicht einmal so groß wie die seines Bütenower Umfelds (vgl. S. 95 im Unterschied zu Äußerungen anderer Bütenower über Ausländer), und er ist diesbezüglich – siehe Polenbesuch – ausgesprochen lernfähig und offen für neue Erfahrungen (vgl. S. 188). Gewalt ist und bleibt ihm durchgängig zuwider (vgl. S. 114, 116, 121, 185), er plädiert selbstverständlich für eine friedliche Konfliktlösung (vgl. S. 116) und erkennt die Gefahr von Teufelskreisen der Gewalt (vgl. S. 98). Dass er von den Zwillingen „beschützt" wird, erfüllt ihn mit Stolz (aufgrund seiner vorherigen Außenseiterlage) und gibt ihm Sicherheit (als körperlich offenbar Unterlegenen). Wenn sie jedoch konkret gewalttätig werden, findet er sie abscheulich (vgl. S. 114, 121). Die Abneigung gegen das dumpfe Gegröle der Skins (vgl. S. 107) liegt auf derselben Linie. Sein Unwohlsein wegen Utas und Reinholds Auftrag, die Dorfbewohner auszuspionieren (vgl. S. 77), verrät ebenfalls sein ethisches Fundament. Schließlich ist seine Systemkritik (vgl. S. 95) ein momentaner Reflex aus seiner Ohnmachtserfahrung heraus und keine grundlegende Einstellung.
- Obwohl er psychisch involviert ist, behält sich Benjamin meist ein eigenständiges Urteil vor, selbst wenn er es nicht äußert, sondern nur denkt (vgl. S. 188). Weitere Beispiele: die innere Abwehr der Wotan-Verehrung (vgl. S. 103), von Wotans Besitzansprüchen auf Renée (vgl. S. 117) oder seine Abneigung gegen Freyas Deutschtümelei (vgl. z. B. S. 53 f.).

**Aglaia**

Aglaia ist eine besondere Figur: Sie zeigt eine für ihr Alter ungewöhnliche innere Größe und vermag den Schülern somit als Modell dafür zu dienen, wie man mit Gleichaltrigen umgehen kann, die von neonazistischem Gedankengut erfasst sind. Das ist auch zweifellos ihre erzählerische Funktion.

**Lösung**

*Aufgabe 1:*

So hätte Aglaia reagieren können: Entsetzen, Vorwürfe, Gesprächsabbruch, kein weiterer Kontakt, Erstattung von Anzeigen gegen die Täter (evtl. mithilfe von Georg)

*Aufgabe 2:*

So reagiert Aglaia tatsächlich:

- ist zwar entsetzt, hört Ben aber weiter zu (vgl. S. 192 f.) und hält den Kontakt (vgl. S. 195, 198, 225, 238)
- nimmt Benjamins Argumente nicht ernst, widerlegt sie geschickt (vgl. S. 193 f.) und redet ansonsten mit ihm über Alltägliches (vgl. S. 198)
- macht ihm keine Vorwürfe, als sie von den Angriffen auf Georg erfährt, sondern fragt, was er unternimmt, um Georg zu helfen (vgl. S. 238), und will immer wieder wissen, wann er zu Georg geht (vgl. S. 240)

*Aufgabe 3:*

Folgendes sollte deutlich werden: Aglaia reagiert (anders als Koppelew und zum Teil Georg) instinktiv oder bewusst so, dass sie Benjamin nicht verurteilt oder ihm ein schlechtes Gewissen macht. Das würde bei ihm nur Trotz provozieren. Sie erkennt stattdessen offenbar die Verwirrtheit und geistige Desorientierung des Jungen – und wohl auch seine eigentlichen Bedürfnisse. Denn dass sie Kontakt hält, vermittelt Benjamin die Geborgenheit, nach der er sich so sehnt. Auf dieser Basis kann sie ihm erfolgreich seine Verantwortung klarmachen und die entscheidende Wende bewirken.

**Ein halbes Jahr später**

Die Ich-Perspektive des Erzählers wird in dieser kreativen Schreibaufgabe fortgesetzt. Didaktisch dient das Blatt auch der Prüfung der Frage, ob die Schüler Benjamins innere Entwicklung und die Botschaft des Buches verstanden haben. Halten Sie die Schüler dazu an, eine zu Benjamin passende Sprache zu wählen. Fühlen sie sich von einem Thema oder einer Person besonders angesprochen, können sie Bens Gedanken dazu im Heft fortsetzen.

## Menschenrechte – mehr als Paragrafen!

Die Kopiervorlage dient der Auseinandersetzung mit dem ethischen Fundament unseres Landes. Sie zielt darauf ab, Menschenrechte nicht als etwas juristisch Abstraktes zu sehen, sondern ihren „Sitz im Leben" zu erkennen. Vielen Schülern dürfte nicht bewusst sein, wie anders ihr Leben aussähe, gäbe es die Menschenrechtsorientierung unserer Verfassung nicht. Eine Verknüpfung mit der KV „Wieso wird Ben kein Neonazi?" (S. 55) ergibt sich durch die Feststellung, dass die inneren Werte, die den Jungen vor einem Abgleiten bewahren, im Kern auf den Menschenrechten beruhen. Eine Skizze des möglichen Stundenablaufs finden Sie in der Tabelle von S. 50.

**Lösung**

*Aufgabe 1:*
Die Bandbreite ist gewaltig: Nicht nur Unterdrückung, physische Gewalt, Folter oder Tötung verletzen die Würde eines Menschen, sondern z. B. auch die Bloßstellung vor anderen, Mobbing, Beleidigungen, das Ausnutzen eigener Macht zur Manipulation anderer usw.

*Aufgabe 2:*
Hier werden die Aussagen von Aufgabe 1 ins Positive gewendet: Achtung der Würde bedeutet u. a. Respekt (ein wichtiger Begriff in der Jugendkultur), Höflichkeit, Toleranz, Achtung der Freiheit des anderen (auch anderer Lebensstile) und der Gleichheit aller Menschen. Der Gedanke der Brüderlichkeit im Sinne tätiger Hilfe und Solidarität ist ebenfalls relevant.

Eventuell wird die Frage aufkommen, ob dann nicht jede Kritik an anderen unmöglich sei. Ein konkretes Verhalten zu kritisieren ist jedoch sehr wohl möglich, ohne die Würde eines Menschen zu verletzen. Anders verhält es sich, wenn der Mensch insgesamt zum Ziel der Kritik wird oder die Kritik unsachlich ist.

*Aufgabe 3:*
Die goldene Regel impliziert ein Verhalten nach den Grund- und Menschenrechten, denn jeder vernünftige Mensch möchte in ihrem Sinne behandelt werden.

An dieser Stelle können Sie auf einen Widerspruch in den Gedanken der Neonazis hinweisen: Sie wollen ihre Rechte auf Freiheit und körperliche Unversehrtheit geachtet wissen (vgl. z. B. S. 98, 121), anderen dies aber nicht zubilligen. Dass eine Missachtung der goldenen Regel sich gegen die eigene Gruppe richten kann, zeigen auch Wotans Äußerung darüber, was nach dem „Endsieg" mit Leuten wie den Skins geschehen werde (vgl. S. 107 f.), sowie historische Beispiele aus dem Dritten Reich und dessen Ende selbst.

*Aufgabe 4:*
Eine gute und verständliche Informationsquelle zum tieferen Verständnis des Grundrechtekatalogs ist das kostenlos im Klassensatz erhältliche Heft „Grundrechte" aus der Reihe „Informationen zur politischen Bildung" der Bundeszentrale für politische Bildung (Heft 305). Im Internet kann man es herunterladen: *http://www.bpb.de/shop/zeitschriften/informationen-zur-politischen-bildung/7800/grundrechte*

Letztlich wollen die Neonazis alle Grundrechte abschaffen – denn der Nazismus leugnet ja die Rechte des Individuums und propagiert das übergeordnete Recht der Volksgemeinschaft, gehört also zur Gruppe der Kollektivethiken. Im Einzelnen lehnen sie die Gleichheitsrechte ab (vgl. ihre Positionen zu Ausländern und sexuell anders orientierten Menschen oder ihr Frauenbild), das Recht auf freie Persönlichkeitsentfaltung, auf körperliche Unversehrtheit usw.

*Aufgabe 5:*
Auf Seite 4 des im Text zu Aufgabe 4 genannten Hefts findet sich ein Artikel über die Bedeutung von Grundrechten im Alltag. Beispiele lassen sich aber auch so finden.

## Rassismus überwinden

Ein großes Verdienst des Romans besteht darin, dass er Rassismus und Neonazismus nicht nur in ihrer offenen, extremen Variante darstellt, von der sich zu distanzieren nahezu jedem Leser leichtfallen würde. Hätte sich Daniel Höra darauf beschränkt, wäre der erzieherische Wert der Lektüre gering. Der größere Erkenntnisgewinn resultiert daraus, dass der Autor auch den alltäglichen Rassismus vor Augen führt, dessen Vertreter sich selbst oft gar nicht als Rassisten wahrnehmen. Weil davon auszugehen ist, dass auch unter den Schülern und in ihrem Umfeld Stereotypen und Vorurteile verbreitet sind, ist die Auseinandersetzung mit diesen Textstellen zentral. Wichtig ist dabei, nicht in den Stil eines Koppelew zu verfallen, sondern deutlich zu machen,

- dass Stereotypisierungen und daraus entstehende Vorurteile zunächst ein normales Phänomen sind, weil Menschen in einer komplexen Umwelt Orientierung suchen und schnelles Agieren sichern möchten,
- dass es aber eine Lebensaufgabe ist, sich stets Stereotype bewusst zu machen, sie infrage zu stellen und durch differenzierte Sichtweisen zu ersetzen, um ein vom Gedanken der Würde des Menschen getragenes soziales Miteinander zu ermöglichen und damit Konflikte zu reduzieren,
- wobei eine solche Differenzierung auch deshalb nötig ist, weil jeder nach der goldenen Regel behandelt werden will.

Natürlich ist es äußerst hilfreich, wenn Sie das differenzierte Wahrnehmen und Handeln vorleben und Stereotypisierungen vermeiden.

Lag der Schwerpunkt bisher auf der Analyse von Formen, Gründen und Auswirkungen von Rassismus, so leitet diese Kopiervorlage zu der Frage über, wie man Rassismus vermeiden bzw. überwinden kann. Setzen Sie zur Erarbeitung am besten zwei Stunden (idealerweise eine Doppelstunde) an. Hier einige Ideen zum Vorgehen:

- Als Einstieg können Sie die Schüler bei ihren Stereotypisierungen abholen und diese aufdecken. Ohne diesen Schritt besteht die Gefahr, dass die Jugendlichen das Problem nur bei anderen wahrnehmen und nicht bei sich selbst. Dabei sollte es um Gruppen gehen, die nicht Opfer rassistischer Vorstellungen sind, denn entweder würden Schüler in diesem Stadium der Lektürebesprechung keine Vorurteile zu äußern wagen oder auch keine mehr haben; zugleich bestünde die Gefahr, dass Schüler mit einem Hang zur Provokation jetzt erst recht Vorurteile äußern, und sei es nur, um Sie zu testen. Methodisch können Sie im Klassenzimmer Blätter auslegen, auf denen Gruppennamen stehen. Die Schüler gehen herum und notieren unzensiert und ohne Namensnennung alles, was an Vorstellungen über die Gruppen existiert. Hemmungen lassen sich reduzieren, indem Sie sagen, dass auch das aufgeschrieben werden soll, „was man so hört". Folgende Gruppen bieten sich z. B. an: „die Frau", „der Mann", „der Preuße" (in Bayern) bzw. „der Bayer" (in anderen Ländern), „die Blondine", „der Skateboardfahrer" und andere Jugendgruppierungen, „der Lehrer". Sie selbst können noch ein Blatt ergänzen, auf dem Vorurteile über „den Schüler" stehen.
- Nach dieser Sammlung lesen Sie den Jungen die Vorurteile über Männer vor und lassen sie beschreiben, wie es ihnen dabei geht. Das Gleiche machen Sie mit den Mädchen und den Vorurteilen über Frauen. Höchstwahrscheinlich werden diverse Schüler und Schülerinnen sagen, dass das ja alles nur Spaß sei, weshalb es nötig ist, die Diskussion ins Ernste zu wenden: Wann können solche Stereotypisierungen problematisch sein, z. B. in Partnerbeziehungen oder bei der Identitätsfindung?
- Damit steht die Überleitung zur Bearbeitung der Kopiervorlage. Die erste Aufgabe kann in arbeitsteiliger Gruppenarbeit mit Sammlung und Sicherung der Ergebnisse im Plenum vorgenommen werden.
- Die Theorien zur Rassismusüberwindung sollten Sie zur Sicherung des Verständnisses mit den Schülern gemeinsam erarbeiten.
- Mit den Aufgaben 2 und 3 befassen sich die Schüler in arbeitsteiliger Gruppenarbeit, die Ergebnisse werden im Plenum zusammengetragen und festgehalten. Über die in der zweiten Aufgabe genannten Situationen hinaus können Sie die folgenden Textstellen, bei denen Ben im Zentrum steht, im Hinblick auf die Theorie der kognitiven Dissonanz interpretieren lassen: S. 93, 134, 172 und 185 f.
- Mit der Frage „Was kann man aufgrund dieser Theorien an Schulen machen, um bei Kindern und Jugendlichen rassistische Tendenzen zu vermeiden?" wird die Thematik abschließend auf die Lebenswelt der Schüler übertragen. Idealerweise erwachsen daraus konkrete Projekte, z. B. Schüleraustauschprogramme (nicht nur mit westlichen Ländern, sondern auch mit Polen, Israel oder der Türkei), Feste und Veranstaltungen der Schüler mit ethnischen Minderheiten bzw. Menschen mit Migrationshintergrund, Informationsveranstaltungen über rechtsextremes Gedankengut, Aktionen wie „Schule ohne Rassismus" (vgl. Anregung auf S. 37), Begegnungen mit Vertretern von Homosexuellenorganisationen oder andere Aktionen, die Schülern helfen, Empathie und Altruismus auszuprägen. Nach einem Brainstorming im Plenum arbeiten Kleingruppen Ideen aus, notieren die Ergebnisse auf Plakaten und stellen sie bei einer Plakatvernissage den anderen vor.

**Lösung**

*Aufgabe 1:*

Die Gutshofbewohner repräsentieren den traditionellen, offenen Rassismus (bei Hartmut ist das insofern nachweisbar, als er an der Aktion gegen die beiden Polen teilnimmt), ebenso Leute wie Wotan oder Renée. Die Positionen, die sie vertreten, wurden im Wesentlichen schon oben behandelt.

Vertreter des modernen, verdeckten Rassismus sind diverse Dorfbewohner und Frau Seidensticker (schwulenfeindliche Äußerungen, vgl. S. 88 f., widersprechen ja auch dem Diskriminierungsverbot des GG). Die meisten Aussagen sind vor allem ausländerfeindlich: drastisch bei Seidenstickers Bemerkungen über Russen (vgl. S. 90), notorisch bei Onkel Rolf oder Tante Jeske, denen Neonazis im Dorf lieber sind als Ausländer (vgl. z. B. S. 75, 197 f.). Generell äußern Bütenower sich ausländerfeindlich (vgl. S. 153 ff.) und bieten damit den Neonazis Anknüpfungspunkte für ihre Indoktrination (vgl. insb. S. 153 ff. und 204 ff.). Eine indirekte Form des Rassismus ist die Verharmlosung von Reinhold und seinen Leuten, wie sie Tante Jeske und die Bütenower von sich geben (vgl. S. 227, 228 f.), selbst wenn man dies als Verdrängung eigener Verantwortung und Solidarisierung gegen eine als böse wahrgenommene Welt außerhalb des Dorfes wertet. Als Verstoß gegen Menschenrechte ist auch das Plädoyer Tante Jeskes und anderer Bütenower für eine Tötung von Pädophilen einzuordnen (vgl. S. 85, 237). Verkappter Antisemitismus findet sich in der Klage, dass Deutschland immer noch Geld an die Juden zahle, obwohl das Dritte Reich lange her sei (vgl. Gerber, S. 205).

*Aufgabe 2:*
Bei der Begegnung zeigt sich die Wirkung der ersten beiden Theorien bei Benjamin bzw. aller drei bei Aglaia. Der Besuch in Polen und die Begegnung mit Aglaia lösen in Benjamin eine kognitive Dissonanz aus, die so stark ist, dass er sie nicht mit rechtsextremem Gedankengut ausgleichen kann, sondern nur durch eine Korrektur seiner vorherigen Vorurteile.

Benjamins Demonstrationserlebnisse führen auch zu einer kognitiven Diskrepanz, insbesondere durch die Erfahrung, zu welcher Brutalität die Zwillinge in der Lage sind (vgl. S. 113 f.), die die kurz zuvor geäußerte Annahme größerer Gewaltbereitschaft auf der Gegenseite widerlegt. Die innere Spannung, nicht mehr das Bild aufrechterhalten zu können, dass die Neonazis die Guten sind, verstärkt bei Benjamin die Loslösung. Zugleich wirkt die dritte Theorie, weil Benjamin über Empathie und Altruismus verfügt.

*Aufgabe 3:*
Hier zeigt sich zunächst, dass Kontakt leider auch zum Negativen führen kann: Die Bütenower fallen ja genau dadurch auf die Neonazis um Reinhold herein, weil die in der Theorie genannten Bedingungen (gleicher Status, fortlaufende zwanglose zwischenmenschliche Kontakte, gemeinsames Ziel) erfüllt sind. Die Dorfbewohner lösen kognitive Diskrepanzen lange so, dass sie die Gutshofleute und ihr Tun verharmlosen (vgl. S. 75, 197 f., 227 ff.). Erst als die Diskrepanz zu groß und das wahre Gesicht der Neonazigruppe offenbar wird, stellen sie sich der Wirklichkeit und überwinden den (latenten) Rassismus (vgl. Gründung des Aktionsbündnisses, S. 255).

**Stark gegen rechts!**
Das Blatt ist eine Vorlage für ein Tafel- oder Folienbild und sollte in einer Stunde zum Einsatz kommen, in der es zusammenfassend darum geht, wie verhindert werden kann, dass Menschen im Allgemeinen und Jugendliche im Besonderen rechtsextremen Gruppierungen in die Hände fallen. Machen Sie den Schülern bewusst, dass nicht nur andere gefordert sind, sondern jeder Einzelne an sich arbeiten muss. Genau das aber ist eine Chance, da man sich durch bestimmte Kenntnisse und Persönlichkeitsmerkmale vor braunem Gedankengut schützen kann.

Ausgangspunkt für das Schaubild ist die Frage: Wer muss was tun, um sich und andere gegen Rechtsextremismus zu stärken? Kleingruppen sammeln Antworten und stellen sie im Plenum vor. Dabei sollte das Bild auf der Vorlage – oder eine vergleichbare Grafik – entstehen.

## Kreativ aktiv

**Überwindung von Rassismus im Film**
Zwei amerikanische Spielfilme behandeln das Thema, wie Rassismus überwunden werden kann: „Gran Torino" aus dem Jahr 2008 (FSK-Freigabe ab 12) und „American History X" aus dem Jahr 1998 (FSK-Freigabe ab 16). Die Arten des Rassismus sind verschieden (alltäglicher, verbal-aggressiver vs. gewalttätiger Rassismus), aber die Protagonisten sind jeweils tief darin verankert. Beide Filme zeigen eindrucksvoll die Bedingungen, die nötig sind, um solche Haltungen zu überwinden. Die Schüler können die Theorien und Befunde von der KV „Rassismus überwinden" (S. 59) auf die Filme anwenden.

## Recherche

**Deutschland und Polen**
Ein wesentliches Thema dieses Buchabschnitts sind die deutsch-polnischen Beziehungen. Das Verhältnis beider Staaten ist nicht erst seit dem Dritten Reich und dem Zweiten Weltkrieg belastet. Mögliche Rechercheaspekte sind:
- historische Konflikte zwischen Deutschland und Polen
- deutsch-polnische Bemühungen um Versöhnung und Annäherung
- Vorurteile von Deutschen gegenüber Polen – und von Polen gegenüber Deutschen
- politische und wirtschaftliche Situation Polens heute

**Bücherverbrennung**
Eine der ersten großen NS-Aktionen zur Beeinflussung des Denkens der Menschen waren die Bücherverbrennungen am 10. Mai 1933 in vielen Städten. Schon zuvor begann die systematische Verfolgung jüdischer, marxistischer und pazifistischer Intellektueller. Mögliche Rechercheaspekte sind:
- Ablauf der Aktionen und betroffene Autoren
- Ansprüche der Nationalsozialisten an „deutsche" Schriftsteller und Künstler (Basistext dazu: „12 Thesen wider den undeutschen Geist")
- Vergleich der „Feuersprüche" während der Bücherverbrennung 1933 mit denen während des Dorffestes
- Informationen über Anne Frank und Günter Grass, deren Werke bei dem Dorffest verbrannt werden

# Wieso wird Ben kein Neonazi?

Arbeite anhand der folgenden Worte und Gedanken Benjamins die Faktoren heraus, die bewirken, dass er nicht zum Neonazi wird.

„Wir demonstrieren gegen den drohenden Volkstod." – Das leuchtete mir ein, auch wenn ich davon keine Ahnung hatte. [...] Außerdem war ich noch nie in Berlin gewesen, das würde Spaß machen. (S. 79)

Reinhold nahm mich ernst. Er redete nicht einfach drauflos oder wischte meine Einwände achtlos beiseite. (S. 84)

„Todesstrafe für Kinderschänder", sagte ich. „Was ist daran falsch?" [...] „Tante Jeske findet das auch gut", sagte ich. „Und die anderen im Dorf auch." (S. 85)

[...] und ich kam mir ein bisschen heldenhaft vor. [...] Ich dachte über den Nazivorwurf nach. Auch wenn ich kein Fan von Hitler war und nichts gegen Juden hatte, so war doch nicht alles schlecht gewesen im Dritten Reich. Dass sich heutzutage überall die Ausländer breitmachten, war was anderes, störte mich aber auch nicht wirklich. [...] Die Zwillinge und auch Reinhold hatten recht: Man musste sich wehren. Gegen Ungerechtigkeit, gegen das Scheißsystem. Und gegen die Scheißrollbrettfahrer. (S. 95)

[...] und auch wenn mir dieser David Lane nichts sagte und mir auch völlig egal war, fühlte ich mich doch als Teil von etwas Größerem. (S. 111)

„Volltreffer!", sagte Gunter und klatschte Konrad ab. In diesem Moment verachtete ich die beiden. (S. 114)

Ich hatte keine Lust auf Straßenkampf. Bisher hatte ich am Computer gesessen, war mit den Zwillingen durch den Wald gestreift, hatte völkische Bücher gelesen und mit Reinhold und Uta diskutiert, aber Leute zu verletzen war etwas ganz anderes. [...] Vielleicht funktionierte ich nicht richtig. Ich hatte mich schon immer als Außenseiter gefühlt, doch als Reinhold und die anderen ankamen, dachte ich, dass ich zu ihnen gehören konnte. Jetzt war ich mir nicht mehr sicher. (S. 121)

[Ich] merkte, dass ich vor allem dagegenredete, weil Koppelew so selbstherrlich war und nie eine andere Meinung neben seiner eigenen gelten ließ. [...] Ihr könnt mich alle mal, dachte ich. Solange ich funktionierte, war ich euch egal, aber sobald ich eine andere Meinung habe, bekommt ihr Angst um eure kleinliche Ordnung. [...] Die Erwachsenen waren verlogen und verdrehten die Wahrheit [...]. (S. 140, 142)

Und ich verachtete Reinhold dafür, dass er mich mitgenommen und es zugelassen hatte, dass zwei Menschen so behandelt wurden. Und ich verachtete die Zwillinge für ihre Grausamkeit. Das hing mir alles zum Hals raus. Das ganze Gelaber von Ehre und Aufrichtigkeit. Das ganze nationale Getue. Dabei ging es doch jedem nur um seinen eigenen Arsch. (S. 185)

Stettin entpuppte sich als normale Stadt. Ich hatte heruntergekommene Häuser erwartet, Menschen, die gebeugt durch die Straßen schlichen und einen finster ansahen, aber so war es nicht. Wären die Straßenschilder nicht auf Polnisch gewesen, dann hätte man auch in einer deutschen Stadt sein können. (S. 188)

# Aglaia

Benjamin erzählt Aglaia von der Scheinhinrichtung der beiden Polen, den Vorfällen bei der Wintersonnenwendfeier und der Hetzjagd gegen Georg.

Aglaia ist Polin. Notiere links, wie sie auf Benjamins Berichte hätte reagieren können. Wie hätten wohl die meisten in dieser Situation reagiert?

Schreibe rechts in Stichpunkten auf, wie Aglaia tatsächlich auf Benjamin reagiert. Lies dafür auf folgenden Seiten nach: 192–195, 198, 225, 238, 240.

Stell dir vor, der Autor hätte Aglaias Gedanken genauso intensiv wiedergegeben wie die Benjamins. Schreibe einen inneren Monolog, in dem deutlich wird, wie sie Benjamin sieht und was sie über seine Beteiligung an den Vorfällen in Bütenow denkt.

# Ein halbes Jahr später

Versetze dich in Benjamin ein halbes Jahr nach der Verhaftung der Gutshofbewohner. Was geht ihm wohl zu den folgenden Themen und Personen durch den Kopf?

# Menschenrechte – mehr als Paragrafen!

„Alle Menschen sind frei und gleich an Würde und Rechten geboren. Sie sind mit Vernunft und Gewissen begabt und sollten einander im Sinne der Brüderlichkeit begegnen."

Art. 1 der „Allgemeinen Erklärung der Menschenrechte" der Vereinten Nationen (UN) von 1948

„(1) Die Würde des Menschen ist unantastbar. Sie zu achten und zu schützen ist Verpflichtung aller staatlichen Gewalt. (2) Das Deutsche Volk bekennt sich darum zu unverletzlichen und unveräußerlichen Menschenrechten als Grundlage jeder menschlichen Gemeinschaft, des Friedens und der Gerechtigkeit in der Welt. (3) Die nachfolgenden Grundrechte binden Gesetzgebung, vollziehende Gewalt und Rechtsprechung als unmittelbar geltendes Recht."

Art. 1 des deutschen Grundgesetzes

Sammle Beispiele, in denen die Würde eines Menschen verletzt wird, auch aus deinem Alltag.

______________________________________________

______________________________________________

______________________________________________

Versuche praktisch zu definieren, was es bedeutet, die Würde eines anderen Menschen zu achten. Greife dabei auf deine Beispiele zurück.

______________________________________________

______________________________________________

______________________________________________

Die „goldene Regel" besagt: Behandle andere so, wie du von ihnen behandelt werden willst.

Welcher Zusammenhang besteht zwischen der „goldenen Regel" und den Grund- und Menschenrechten?

______________________________________________

______________________________________________

Informiert euch über zentrale Grundrechte des deutschen Grundgesetzes. Welche Grundrechte wollen die Neonazis abschaffen?

Diskutiert an einigen Beispielen, welche Bedeutung es für euer alltägliches Leben hätte, wenn einzelne Grundrechte abgeschafft würden.

# Rassismus überwinden

In der Sozialpsychologie unterscheidet man **zwei Grundformen von Rassismus:**

- zum einen den **traditionellen** oder **klassischen Rassismus**, der Menschen anderer Hautfarbe bzw. Nation unverhohlen ablehnt und dessen Vertreter oft auch durch äußerliche Signale ihre Einstellung demonstrieren,
- zum anderen den sogenannten **modernen Rassismus**, bei dem die rassistischen Einstellungen eher verborgen auftreten.

Der Rassismus ist dabei eine extreme Form eines Wahrnehmungsgesetzes: der **Stereotypisierung** bzw. **sozialen Kategorisierung**. Menschen neigen dazu, andere in Stereotypen oder soziale Kategorien einzuordnen, weil dies den Umgang mit einer komplexen Umwelt zunächst einmal vereinfacht: „die Frau", „der Mann", „der Farbige", „der Preuße", „der Nazi", „die Blondine", „der Grufti".

Stereotype können positiv oder negativ sein, je nach individuellen Werten. Vom Stereotyp zum Vorurteil ist es nur ein kleiner Schritt. Sozialpsychologisch versteht man unter Vorurteilen eine negative, feindselige Einstellung gegenüber den Mitgliedern einer bestimmten Gruppe – und zwar nur aufgrund des Umstandes, dass jemand dieser Gruppe angehört.

 Ordne die Gutshofbewohner, die Dorfbewohner (außer Benjamin und Georg) sowie Frau Seidensticker (S. 88–90) den verschiedenen Rassismusformen zu und fasse ihre Stereotypen oder Vorurteile in Kurzform in deinem Heft zusammen.

Die Psychologie beschreibt verschiedene **Möglichkeiten, um Rassismus zu überwinden.**

- Nach der **„Kontakthypothese"** von Allport reduzieren intensive, gleichberechtigte Kontakte zwischen Mitgliedern verschiedener Gruppen Vorurteile. Dabei müssen möglichst viele der folgenden Bedingungen erfüllt sein: Alle Beteiligten haben den gleichen Status. Es handelt sich um zwanglose zwischenmenschliche Kontakte, die mehrfach stattfinden. Von Vorteil ist es, wenn die Gruppen ein gemeinsames Ziel haben und voneinander abhängig sind, also ein Team bilden müssen.
- Die **„Theorie der kognitiven Dissonanz"** von Festinger geht davon aus, dass jeder Mensch danach strebt, Zweifel zu vermeiden, weil diese einen unangenehmen körperlichen und emotionalen Zustand hervorrufen und verunsichern. Im Zentrum stehen dissonante Kognitionen, d. h. Gedanken, Meinungen, Werthaltungen einer Person über sich und ihre Umwelt, die im Widerspruch zueinander stehen und unvereinbar sind. Zur Lösung der Spannung gibt es drei Wege: die Veränderung des Verhaltens, das Verdrängen oder Ignorieren und das Rechtfertigen des Verhaltens. Gerade Letzteres kann aber dazu führen, dass Dissonanzen nicht zur Auflösung, sondern zur Verfestigung von Vorurteilen führen.
- Nach der **„Empathie-Altruismus-Hypothese"** von Batson können starkes Mitleid und Mitgefühl für jemanden, der einer abgelehnten Gruppe angehört, aber in Not ist, dazu beitragen, die Vorurteile gegenüber dieser Gruppe zu reduzieren. Voraussetzung für das Gelingen sind die Fähigkeit zur Empathie (Einfühlungsvermögen) und eine Haltung von Hilfsbereitschaft (Altruismus). In Notsituationen zeigt sich, ob ein Mensch eher egoistisch oder altruistisch motiviert ist.

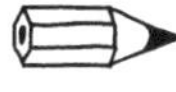 Wende die Theorien auf die Begegnung von Benjamin und Aglaia und auf Benjamins Erlebnisse bei der Demonstration in Berlin an.

 Wende die Theorien auf die Entwicklung der Beziehung der Bütenower zu den Gutshofbewohnern an.

# Stark gegen rechts!

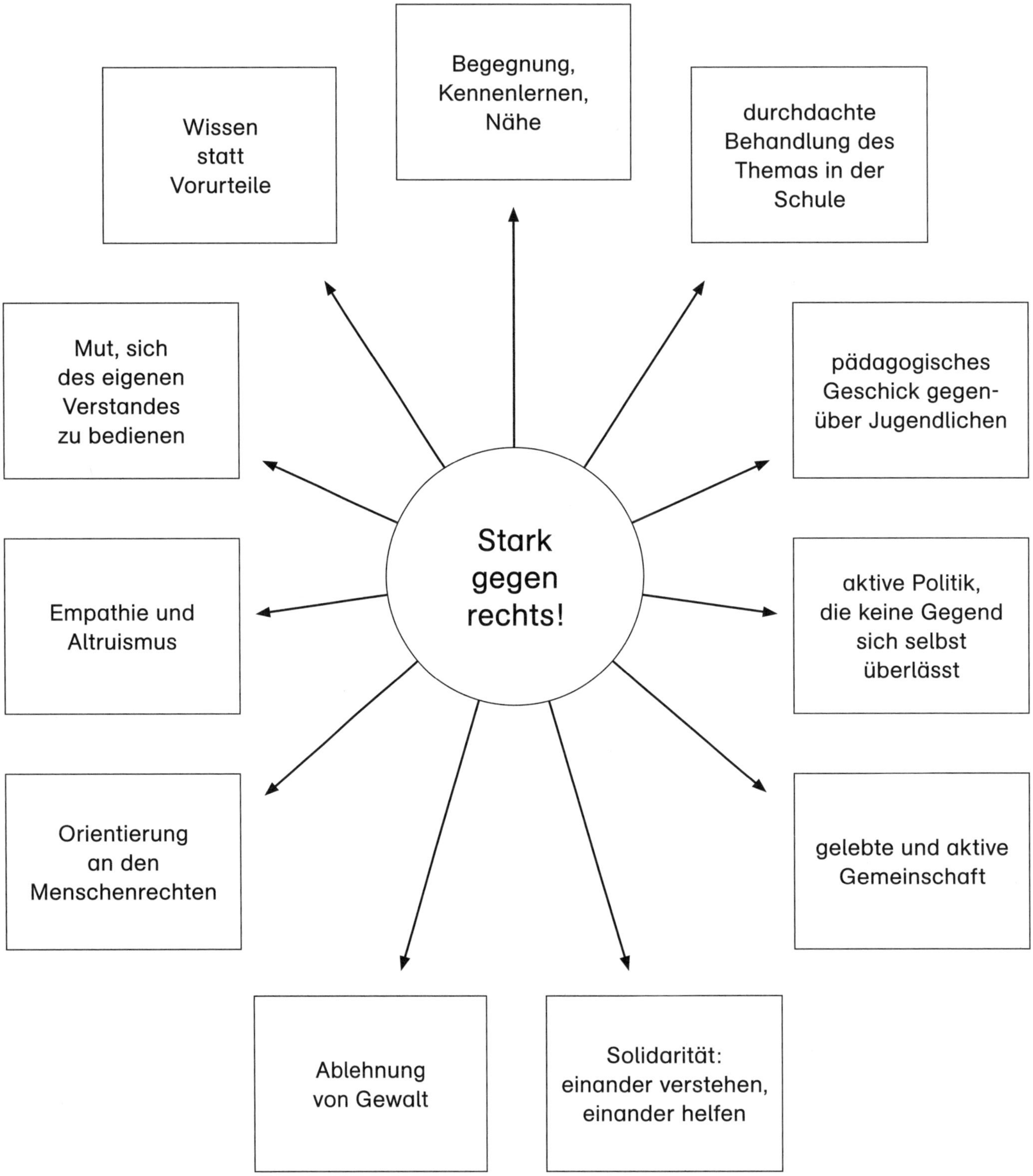

Stark gegen rechts!

Begegnung, Kennenlernen, Nähe

durchdachte Behandlung des Themas in der Schule

pädagogisches Geschick gegenüber Jugendlichen

aktive Politik, die keine Gegend sich selbst überlässt

gelebte und aktive Gemeinschaft

Solidarität: einander verstehen, einander helfen

Ablehnung von Gewalt

Orientierung an den Menschenrechten

Empathie und Altruismus

Mut, sich des eigenen Verstandes zu bedienen

Wissen statt Vorurteile

## Zu den Kopiervorlagen

**Bauernregeln**

Die Schüler verbinden hier die teilweise kryptischen Überschriften mit der Handlung und vergegenwärtigen sich nochmals den Romanaufbau. Die Kopiervorlage kann mit der KV „Brief des Autors – Brief an den Autor" in einer Stunde verknüpft werden.

**Lösung**

*Aufgaben 1/2:*

Im Folgenden einige Interpretationsmöglichkeiten – sicher sind auch andere Assoziationen möglich.

1. Kapitel: Das Problem in Bütenow ist, dass jeder sich abschirmt („Zaun"), der Gedanke des Sprichworts also eben nicht erfüllt wird. Umgekehrt erscheinen die Neonazis (hier noch) als „gute Nachbarn", denen alles offensteht. Insofern drückt das Sprichwort die Naivität der Bütenower aus.
2. Kapitel: Die Gutshofleute, scheinbar die Sonne, decken Schwächen in Bütenow auf.
3. Kapitel: Die Neonazis enthüllen Benjamin immer mehr ihr wahres Wesen (= „Teufel"); das schlimme Ende („siechende Ernte") ist absehbar.
4. Kapitel: Weil Benjamin die Verbindungen mit den Neonazis nicht nur privat pflegt, sondern auch nach außen zeigt, gerät er in große Konflikte.
5. Kapitel: „Spinnen" sind ein altes Sinnbild des Bösen. Das Böse, hier die Kontakte zu den Neonazis, greift immer mehr auf Bens Lebensbereiche („Häuser") über, was auf das schlimme Ende („kalter Winter") verweist.
6. Kapitel: Die Blindheit gegenüber der Außenwelt überwindet Ben in Polen. Aber er war auch blind gegenüber den Neonazis, die (bezogen auf sein bisheriges Leben in Bütenow) „draußen" sind.
7. Kapitel: Georgs Artikel decken den Charakter der Gutshofleute auf (als „kalter Winter"), bewirken aber eine Solidarisierung der Bütenower mit den Neonazis („warme Stube"), die zu den Forderungen nach Georgs Tod führt. Eine andere Interpretation: Die Zwillinge nehmen die Welt draußen als kalt war, leben in der „warmen Stube" ihrer Ideologie, was schließlich zum Mord führt.
8. Kapitel: Das „kleine Dorf" sind die Gutshofleute. Kleine extremistische Gruppen sind besonders „bissig". Das Dorf Bütenow dagegen öffnet sich am Ende und verliert dadurch seine „Bissigkeit".

*Aufgabe 3:*

Das Buch spielt in einem Dorf, also liegen Bauernregeln nahe. Diese stehen zugleich für scheinbar unumstößliche, einfache Volkswahrheiten und eine traditionsorientierte Kultur, in der Differenzierung keinen Platz hat. In solchen Kategorien denken auch die Bütenower und die Neonazis.

**70 Jahre danach**

Die Kopiervorlage, die auch früher eingebaut werden kann, erlaubt eine Verknüpfung mit der deutschen Geschichte und der Debatte um die spezifische Verantwortung der Deutschen. Viele Schüler wehren sich dagegen, übersehen aber, dass der historische Kontext noch sehr präsent ist, sodass auch ein junger Deutscher bei Besuchen im Ausland damit rechnen muss, mit der deutschen Geschichte konfrontiert zu werden. Weizsäcker erleichtert jungen Menschen einiges, denn er verweist auf den Unterschied zwischen Verantwortung für damalige Ereignisse und Verantwortung für das, was man daraus lernen muss.

**Lösung**

*Aufgabe 1:*

Hauptargumente sind:

- Dass Auseinandersetzungen über die Vergangenheit nach langer Zeit heftiger sind als zuvor, spiegelt ein altes Erfahrungswissen wider. „40 Jahre" stehen für einen Generationswechsel, der die Frage nach der Verantwortung für frühere Geschehnisse provoziert.
- Kein junger Mensch ist verantwortlich dafür, was im Dritten Reich geschah. Aber die ältere wie die junge Generation tragen Verantwortung für Konsequenzen, die sich aus der damaligen Zeit ergeben.
- Die Älteren müssen aufrichtig sein und die Erinnerung wachhalten, wozu Menschen fähig sind und was Hass ausrichten kann, um eine Wiederholung zu verhindern.
- Die Jungen müssen (wie alle Politiker) stark sein gegen jeden Hass auf Gruppen, ein solidarisches Zusammenleben erreichen und ethische Grundwerte verwirklichen: Freiheit, Frieden, Recht, Gerechtigkeit.

*Aufgabe 2:*

Hier kann auf die KV „Stark gegen rechts!" (S. 60) zurückgegriffen werden.

**Brief des Autors – Brief an den Autor**

Selten können Schüler sich einem Autor gegenüber äußern, hier besteht die Gelegenheit dazu. Sie können (ausgewählte) Schülerbriefe oder einen von der Klasse gemeinsam verfassten zur Weiterleitung an den Hase und Igel Verlag schicken. Das Blatt lässt sich mit einer Besprechung von Rezensionsbeispielen verbinden, die im Internet zu finden sind.

# Bauernregeln

Alle Kapitel des Romans „Braune Erde“ sind mit einer Bauernregel oder einem Sprichwort überschrieben. Dabei erschließt sich nicht immer auf den ersten Blick, was die Überschrift mit dem Inhalt des Kapitels zu tun hat. Wie ist es auf den zweiten Blick?

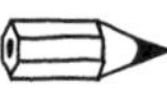 Notiere zu jeder Überschrift stichwortartig Sätze, Gedanken, Personen oder Handlungsweisen aus dem jeweiligen Kapitel, auf die sich der Spruch beziehen könnte.

| | |
|---|---|
| Wer einen guten Nachbar hat,<br>braucht keinen Zaun (S. 7) | ______________________<br>______________________ |
| Wenn die Sonne<br>auf einen Misthaufen scheint,<br>so antwortet er mit Gestank (S. 28) | ______________________<br>______________________ |
| Wenn die Teufel aus der Erde kriechen,<br>wird bald die Ernte siechen (S. 42) | ______________________<br>______________________ |
| Bleib zu Haus und koch den Brei,<br>so kommst du nicht in Zankerei (S. 76) | ______________________<br>______________________ |
| Wenn Spinnen in die Häuser kriechen,<br>sie einen kalten Winter riechen (S. 125) | ______________________<br>______________________ |
| Zu Hause hast du hundert Augen,<br>draußen bist du blind (S. 173) | ______________________<br>______________________ |
| Zwingt der kalte dunkle Winter<br>die Menschen zu lange<br>in die warme Stube,<br>bekommen sie Mordgedanken (S. 221) | ______________________<br>______________________ |
| Je kleiner das Dorf,<br>desto bissiger die Hunde (S. 249) | ______________________<br>______________________ |

 Tragt eure Ergebnisse zusammen und vergleicht sie.

 Warum hat der Autor ausgerechnet Bauernregeln als Überschriften verwendet? Denkt auch an den Titel des Buches, den Ort der Handlung und an die Rolle, die Tradition und Werte in dem Roman spielen.

# 70 Jahre danach

 Fasse die Hauptargumente Weizsäckers zusammen.

 Diskutiert, wie die von Weizsäcker geforderte Verantwortungsübernahme durch eure Generation konkret aussehen könnte.

**Richard von Weizsäcker:**
**Schlussteil der Rede vom 8. Mai 1985 zum 40. Jahrestag des Endes des 2. Weltkriegs**

Manche junge Menschen haben sich und uns in den letzten Monaten gefragt, warum es 40 Jahre nach Ende des Krieges zu so lebhaften Auseinandersetzungen über die Vergangenheit gekommen ist. Warum lebhafter als nach 25 oder 30 Jahren? Worin liegt die innere Notwendigkeit dafür?

Es ist nicht leicht, solche Fragen zu beantworten. Aber wir sollten die Gründe dafür nicht vornehmlich in äußeren Einflüssen suchen, obwohl es diese zweifellos auch gegeben hat.

40 Jahre spielen in der Zeitspanne von Menschenleben und Völkerschicksalen eine große Rolle.

Auch hier erlauben Sie mir noch einmal einen Blick auf das Alte Testament, das für jeden Menschen unabhängig von seinem Glauben tiefe Einsichten aufbewahrt. Dort spielen 40 Jahre eine häufig wiederkehrende, eine wesentliche Rolle. 40 Jahre sollte Israel in der Wüste bleiben, bevor der neue Abschnitt in der Geschichte mit dem Einzug ins verheißene Land begann. 40 Jahre waren notwendig für einen vollständigen Wechsel der damals verantwortlichen Vätergeneration. An anderer Stelle aber (Buch der Richter) wird aufgezeichnet, wie oft die Erinnerung an erfahrene Hilfe und Rettung nur 40 Jahre dauerte. Wenn die Erinnerung abriss, war die Ruhe zu Ende.

So bedeuten 40 Jahre stets einen großen Einschnitt. Sie wirken sich aus im Bewusstsein der Menschen, sei es als Ende einer dunklen Zeit mit der Zuversicht auf eine neue und gute Zukunft, sei es als Gefahr des Vergessens und als Warnung vor den Folgen. Über beides lohnt es sich nachzudenken.

Bei uns ist eine neue Generation in die politische Verantwortung hineingewachsen. Die Jungen sind nicht verantwortlich für das, was damals geschah. Aber sie sind verantwortlich für das, was in der Geschichte daraus wird.

Wir Älteren schulden der Jugend nicht die Erfüllung von Träumen, sondern Aufrichtigkeit. Wir müssen den Jüngeren helfen zu verstehen, warum es lebenswichtig ist, die Erinnerung wachzuhalten. Wir wollen ihnen helfen, sich auf die geschichtliche Wahrheit nüchtern und ohne Einseitigkeit einzulassen, aber auch ohne moralische Überheblichkeit.

Wir lernen aus unserer eigenen Geschichte, wozu der Mensch fähig ist. Deshalb dürfen wir uns nicht einbilden, wir seien nun als Menschen anders und besser geworden. Es gibt keine endgültig errungene moralische Vollkommenheit – für niemanden und kein Land! Wir haben als Menschen gelernt, wir bleiben als Menschen gefährdet. Aber wir haben die Kraft, Gefährdungen immer von Neuem zu überwinden.

Hitler hat stets damit gearbeitet, Vorurteile, Feindschaften und Hass zu schüren. Die Bitte an die jungen Menschen lautet: Lassen Sie sich nicht hineintreiben in Feindschaft und Hass

- gegen andere Menschen,
- gegen Russen oder Amerikaner,
- gegen Juden oder Türken,
- gegen Alternative oder Konservative,
- gegen Schwarz oder Weiß.

Lernen Sie, miteinander zu leben, nicht gegeneinander. Lassen Sie auch uns als demokratisch gewählte Politiker dies immer wieder beherzigen und ein Beispiel geben.

Ehren wir die Freiheit.
Arbeiten wir für den Frieden.
Halten wir uns an das Recht.
Dienen wir unseren inneren Maßstäben der Gerechtigkeit.

Schauen wir am heutigen 8. Mai, so gut wir es können, der Wahrheit ins Auge.

# Brief des Autors – Brief an den Autor

Daniel Höra, geboren in Hannover, wuchs in einer Hochhaussiedlung am Stadtrand auf. Er machte in seiner Jugend selbst Erfahrungen mit Polizei und Justiz. Nach der Schule arbeitete er am Fließband, war Möbelträger, Altenpfleger, Taxifahrer und TV-Redakteur. Heute lebt er als freier Schriftsteller in Berlin. 2009 erschien sein Jugendroman „Gedisst", 2011 der dystopische Roman „Das Ende der Welt" und 2012 „Braune Erde".

 Lies den Brief von Daniel Höra und schreibe dem Autor eine Antwort: Was hat dich an dem Buch beeindruckt? Was hat dich irritiert? Welche Wirkung hatte die Lektüre auf dich?

Liebe Schülerinnen und Schüler,

bei Lesungen zu „Braune Erde" werde ich immer wieder gefragt, warum ich dieses Buch geschrieben habe. Darauf gibt es nur eine Antwort: Weil es (leider immer noch) nötig ist.
Auslöser für die Geschichte waren Berichte über rechtsradikale Siedler, die sich in kleinen Orten in Mecklenburg-Vorpommern niederließen, um die dortige Bevölkerung mit ihrem braunen Gedankengift zu infiltrieren. Dann kamen die Morde des Nationalsozialistischen Untergrunds (NSU). Mehr als zehn Jahre lang zogen rechtsradikale Terroristen unerkannt durch unser Land und hinterließen eine blutige Spur. Sie ermordeten zehn Menschen. Menschen, die ihnen nicht gefielen, weil sie ursprünglich aus einem anderen Land zu uns gekommen waren. Beim Schreiben des Buches stieß ich – vor allem im Internet – immer wieder auf Rechtsradikale, die dort ungefiltert ihre wirren und menschenverachtenden Ideen verbreiteten. Ihr einziger Lebenssinn scheint der Hass zu sein. Hass auf alles, was nicht in ihre eigene Weltanschauung passt. Ich habe mich geekelt und es hat mich wütend gemacht.
Die Methoden der Nazis, neue Anhänger zu gewinnen, sind vielfältiger geworden. Die neuen Rechten gehen schlauer vor als noch vor zehn oder zwanzig Jahren. Auch davon handelt „Braune Erde". Und davon, wachsam zu bleiben und sich zu widersetzen.

Euer Daniel Höra

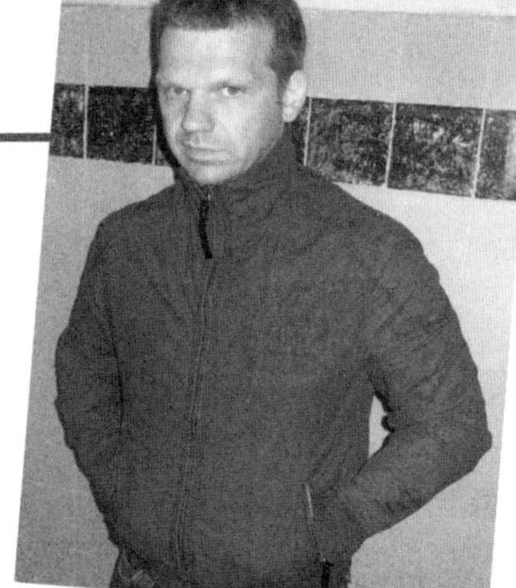